PIERRE LOTI
DE L'ACADÉMIE FRANÇAISE

LA MORT DE PHILÆ

PARIS
CALMANN-LÉVY, ÉDITEURS
1930

LA MORT DE PHILÆ

Il a été tiré de cet ouvrage :

DIX-HUIT CENTS EXEMPLAIRES SUR PAPIER VÉLIN DU MARAIS

tous numérotés

N°

Exemplaire du Dépôt Léga[l]

PIERRE LOTI

DE L'ACADÉMIE FRANÇAISE

LA
MORT DE PHILÆ

PARIS
CALMANN-LÉVY, ÉDITEURS
3, RUE AUBER, 3

1930

Droits de reproduction et de traduction réservés pour tous les pays.

A LA MÉMOIRE
DE
MON NOBLE ET CHER AMI
MOUSTAFA KAMEL PACHA
qui succomba le 10 février 1908 à l'admirable tâche
de relever en Égygte
la dignité de la Patrie et de l'Islam.

PIERRE LOTI

I

MINUIT D'HIVER
EN FACE DU GRAND SPHINX

Une nuit trop limpide, et de couleur inconnue à nos climats, dans un lieu d'aspect chimérique où le mystère plane. La lune, d'un argent qui brille trop et qui éblouit, éclaire un monde qui sans doute n'est plus le nôtre, car il ne ressemble à rien de ce que l'on a pu voir ailleurs sur terre; un monde où tout est uniformément rose sous les étoiles de minuit et où se dressent, dans une immobilité spectrale, des symboles géants.

Est-ce une colline de sable qui monte devant nous? On ne sait, car cela n'a pour ainsi dire pas de contours; plutôt, cela donne l'impression d'une grande nuée rose, d'une grande vague d'eau à peine consistante, qui dans les temps se serait soulevée là, pour ensuite s'immobiliser à jamais... Une colossale effigie humaine, rose aussi, d'un rose sans nom et comme fuyant, émerge de cette sorte de houle momifiée, lève la tête, regarde avec ses yeux fixes, et sourit; pour être si grande, elle est irréelle probablement, projetée peut-être par quelque réflecteur caché dans la lune... Et, derrière le visage monstre, beaucoup plus en recul, au sommet de ces dunes imprécises et mollement ondulées, trois signes apocalyptiques s'érigent dans le ciel, trois triangles roses, réguliers comme les dessins de la géométrie, mais si énormes dans le lointain qu'ils font peur; on les croirait lumineux par eux-mêmes, tant ils se détachent en rose clair sur le bleu sombre du vide étoilé, et l'invraisemblance de ce quasi-rayonnement intérieur les rend plus terribles.

Alentour, le désert; un coin du morne royaume des sables. Rien d'autre nulle part, que ces trois choses effarantes qui se tiennent là dressées, l'effigie humaine démesurément agrandie et les trois montagnes géométriques; choses vaporeuses au premier abord comme des visions, avec cependant çà et là, dans les traits surtout de la grande figure muette, des nettetés d'ombre indiquant que *cela existe*, rigide et inébranlable, que c'est de la pierre éternelle.

Même si l'on n'était pas prévenu, aussitôt on devinerait, car c'est unique au monde, et l'imagerie de toutes les époques en a vulgarisé la connaissance : le Sphinx et les Pyramides! Mais on n'attendait pas que ce fût si inquiétant... Et pourquoi est-ce rose, quand d'habitude la lune bleuit ce qu'elle éclaire? On ne prévoyait pas non plus cette couleur-là — qui est cependant celle de tous les sables et de tous les granits de l'Égypte ou de l'Arabie. Et puis, des yeux de statue, on en avait vu par milliers, on savait bien qu'ils ne peuvent jamais être que des yeux fixes; alors, pourquoi est-on surpris et glacé par l'immobilité de ce regard du Sphinx, en même temps que vous obsède le sourire de ses lèvres fermées qui semblent garder le mot de l'énigme suprême?...

Il fait froid, mais froid comme dans nos pays par les belles nuits de janvier, et une buée hivernale traîne au fond des vallons de sable. A cela non plus, on ne s'attendait pas; les nouveaux envahisseurs de ce pays ont apporté sans doute l'humidité de leur île brumeuse, en changeant le régime des eaux du vieux Nil pour rendre la terre plus mouillée et plus productive. Et ce froid inusité, ce brouillard, si léger qu'il soit encore, paraissent un indice de la fin des temps, font plus révolu et plus lointain tout ce passé, qui dort ici, en dessous, dans le dédale des souterrains hantés par mille momies.

Mais la brume, qui s'épaissit dans les regions basses à mesure que l'heure avance, hésite à monter jusqu'à la grande figure intimidante, l'enveloppe à peine d'une gaze très diaphane, — qui est une gaze rose, puisque ici tout est rose.

Et le Sphinx, qui a vu se dérouler toute l'histoire du monde, assiste impassible au changement du climat de l'Égypte, reste abîmé dans une contemplation mystique de la lune, son amie depuis cinq mille ans.

Sur la molle coulée des dunes, il y a par places des pygmées humains qui s'agitent, ou se tiennent accroupis comme à l'affût; si petits, si infimes ou si loin qu'ils soient, cette lune d'argent révèle leurs moindres attitudes, parce qu'ils ont des robes blanches et des manteaux noirs qui tranchent violemment avec la monotonie rose des sables; parfois ils s'interpellent, en une langue aux aspirations dures, et puis se mettent à courir, sans bruit, pieds nus, le burnous envolé, pareils à des papillons de nuit. Ils guettent les groupes de visiteurs, qui arrivent de temps à autre, et ils s'accrochent à eux. Les grands symboles, depuis des siècles et des millénaires que l'on a cessé de les vénérer, n'ont cependant presque jamais été seuls, surtout par les nuits de pleine lune; des hommes de toutes les races, de tous les temps sont venus rôder autour, vaguement attirés par leur énormité et leur mystère. A l'époque des Romains, ils étaient déjà des symboles au sens perdu, legs d'une antiquité fabuleuse, mais on venait curieusement les contempler; des touristes en toge, en péplum, gravaient pour mémoire leur nom sur le granit des bases.

Les touristes qui arrivent cette nuit, et sur

lesquels s'abattent les guides bédouins au noir manteau, portent casquette, ulster ou paletot fourré ; leur intrusion est ici comme une offense, mais hélas ! de tels visiteurs se multiplient chaque année davantage, car la grande ville toute voisine — qui sue l'or depuis que l'on essaye de lui acheter sa dignité et son âme — devient un lieu de rendez-vous et de fête pour les désœuvrés, les parvenus du monde entier. Et ce désert du Sphinx, le modernisme commence à l'enserrer de toutes parts. Il est vrai, personne jusqu'à présent n'a osé le profaner en bâtissant dans le voisinage immédiat de la grande figure, dont la fixité et le dédain imposent peut-être encore. Mais, à une demi-lieue à peine, aboutit une route où circulent des fiacres, des tramways, où des automobiles de bonne marque viennent pousser leurs gracieux cris de canard ; et là, derrière la pyramide de Chéops, un vaste hôtel s'est blotti, où fourmillent des snobs, des élégantes follement emplumées comme des Peaux-Rouges pour la danse du scalp ; des malades en quête d'air pur : jeunes Anglaises phtisiques, ou vieilles Anglaises simplement un peu gâteuses, traitant leurs rhumatismes par les vents secs.

Cette route, cet hôtel, ces gens, en passant on vient de les voir, aux feux des lampes électriques, et un orchestre qu'ils écoutaient vous a jeté la phrase inepte de quelque rengaine de café-concert ; mais, sitôt que tout cela, dans un repli du sol, a disparu, on s'en est senti tellement délivré, tellement loin! Dès que l'on a commencé de marcher sur ce sable des siècles, où les pas tout à coup ne faisaient plus de bruit, rien n'a existé, hors le calme et le religieux effroi émanés de ce monde que l'on abordait, de ce monde si écrasant pour le nôtre, où tout apparaissait silencieux, imprécis, gigantesque et rose.

D'abord la pyramide de Chéops, dont il a fallu contourner de près les soubassements immuables; la lune détaillait tous les blocs énormes, les blocs réguliers et pareils de ses assises qui se superposent à l'infini, toujours diminuant de largeur, et qui montent, montent en perspectives fuyantes, pour former là-haut la pointe du vertigineux triangle; on l'eût dite éclairée, cette pyramide, par quelque triste aurore de fin de monde, qui ne rosirait que les sables et les granits terrestres, en laissant plus effroyablement noir le ciel ponctué d'étoiles. — Combien inconcevable pour nous, la mentalité de ce roi qui pendant un demi-siècle usa la vie de milliers et de milliers d'esclaves à construire ce tombeau, dans l'obsédant et fol espoir de prolonger sans fin la durée de sa momie!...

La pyramide une fois dépassée, un peu de chemin restait à faire encore pour aller affronter le Sphinx, au milieu de ce que nos contemporains lui ont laissé de son désert; il y avait à descendre la pente de cette dune aux aspects de nuage, qui semblait feutrée comme à dessein pour maintenir en un tel lieu plus de silence. Et çà et là s'ouvrait quelque trou noir : soupirail du profond et inextricable royaume des momies, très peuplé encore, malgré l'acharnement des déterreurs.

Descendant toujours sur la coulée de sable, on n'a pas tardé à l'apercevoir, lui, le Sphinx, moitié colline et moitié bête couchée, vous tournant le dos, dans la pose d'un chien géant qui voudrait aboyer à la lune ; sa tête se dressait en silhouette d'ombre, en écran contre la lumière qu'il paraissait regarder, et les pans de son bonnet lui faisaient des oreilles tombantes. Ensuite, à mesure que l'on cheminait, peu à peu, il s'est présenté de profil, sans nez, tout camus comme la mort, mais ayant déjà une expression, même vu de loin et par côté ; déjà dédaigneux avec son menton qui avance, et son sourire de grand mystère. Et, quand enfin on s'est trouvé devant le colossal visage, là bien en face — sans pourtant rencontrer son regard qui passe trop haut pour le nôtre, — on a subi l'immédiate obsession de tout ce que les hommes de jadis ont su emmagasiner et éterniser de secrète pensée derrière ce masque mutilé !

En plein jour, non, il n'existe pour ainsi dire plus, leur grand Sphinx ; si détruit par le temps, par la main des iconoclastes, disloqué, tassé, rapetissé, il est inexpressif comme ces momies que l'on retrouve en miettes dans le sarcophage et qui ne font même plus grimace humaine. Mais, à la manière de tous les fantômes, c'est la nuit qu'il revit, sous les enchantements de la lune.

Pour les hommes de son temps, que représentait-il? Le roi Aménemeth? le Dieu-Soleil? On ne sait trop. De toutes les images hiéroglyphiques, il reste la moins bien déchiffrée. Les insondables penseurs de l'Égypte symbolisaient tout en d'effrayantes figures de dieux, à l'usage du peuple non initié; peut-être donc, après avoir tant médité dans l'ombre des temples, tant cherché l'introuvable pourquoi de la vie et de la mort, avaient-ils simplement voulu résumer par le sourire de ces lèvres fermées l'inanité de nos plus profondes conjectures humaines... On dit qu'il fut jadis d'une surprenante beauté, le Sphinx, alors que des enduits, des peintures harmonisaient et avivaient son visage et qu'il trônait de tout son haut sur une sorte d'esplanade dallée de longues pierres. Mais était-il en ces temps-là plus souverain que cette nuit, dans sa décrépitude finale? Presque enseveli par ces sables du désert Libyque, sous lesquels sa base ne se définit plus, il surgit à cette heure comme une apparition que rien de solide ne soutiendrait dans l'air.

**

Passé minuit. Par petits groupes, les touristes de ce soir viennent de disparaître pour regagner l'hôtel proche dont l'orchestre sans doute n'a pas fini de sévir, ou bien pour remonter en auto et engager, dans quelque cercle du Caire, une de ces parties de bridge où se complaisent de nos jours les intelligences vraiment supérieures ; les uns (esprits forts) s'en sont allés le verbe haut et le cigare au bec ; les autres, intimidés pourtant, baissaient la voix comme on fait d'instinct dans les temples. Les guides bédouins, qui tout à l'heure semblaient voltiger autour de la grande effigie comme des phalènes noires, ont aussi vidé la place, inquiets de ce froid qu'ils n'avaient jamais connu. La représentation pour cette fois est finie, et partout s'établit le silence.

Les tons roses commencent à pâlir sur le Sphinx et les Pyramides ; tout blêmit à vue d'œil, dans le surnaturel décor, parce que la lune, s'élevant toujours, se fait plus argentine au milieu de la nuit plus glacée. Le brouillard d'hiver, qu'exhalent d'en bas les champs artificiellement mouillés, continue de monter, s'enhardit à envelopper le grand visage muet, lequel persiste à regarder cette lune morte et à lui adresser son même déconcertant sourire. De moins en moins l'on croirait avoir devant soi un colosse réel, mais décidément rien que le reflet dilaté d'une chose qui serait *ailleurs*, dans un autre monde. Et derrière lui, au loin, les trois triangles-montagnes, qui s'embrument aussi, n'existent pas davantage, sont devenus pures visions d'Apocalypse.

Or, peu à peu, voici qu'une tristesse insoutenable se dégage des trop larges yeux aux orbites vides, — car, en ce moment, ce que le Sphinx a l'air de savoir depuis tant de siècles, comme ultime secret, mais de taire avec une mélancolique ironie, c'est que, dans la prodigieuse nécropole, là en dessous, tout le peuple des morts aurait été leurré, malgré la piété et les prières, le réveil n'ayant encore jamais sonné pour personne; et c'est que la création d'une humanité pensante et souffrante n'aurait eu aucune raison raisonnable, et que nos pauvres espoirs seraient vains, mais vains à faire pitié!

II

LA MORT DU CAIRE

Janvier 1907.

Des nuages échevelés et mauvais, comme ceux de nos giboulées de mars, courent dans un pâle ciel de soir, qui donne froid à regarder ; un vent âpre, humide, tout à fait hivernal, souffle sans trêve et fait passer sur nous de temps à autre le furtif arrosage d'une pluie.

Une voiture m'emmène vers ce qui fut la résidence du grand Mehemet Ali ; par une pente rapide elle monte au milieu de rochers, de sables — qui sentent déjà le désert, là tout de suite, au sortir à peine des dernières maisons d'un quartier arabe où des gens en longue robe, l'air gelé, s'enveloppent aujourd'hui jusqu'aux yeux... Y avait-il autrefois des temps pareils, en ce pays réputé pour son climat d'inaltérable tiédeur?

Cette résidence du grand souverain de l'Égypte, la citadelle, la mosquée qu'il fit construire pour y reposer, sont perchées comme nids d'aigle sur un contrefort de la chaîne d'Arabie, le Mokattam, qui s'avance en promontoire vers les plaines du Nil, amenant tout près du Caire, et jusqu'à le surplomber, un peu des solitudes désertiques. Du reste, on la voit de loin et de partout, la mosquée de Mehemet Ali, inattendue là-haut avec ses coupoles aplaties en demi-sphère, ses minarets aigus, sa physionomie si purement turque, au-dessus de cette ville arabe qu'elle domine; le prince qui s'y est endormi a voulu qu'elle ressemblât à celles de sa première patrie, et on la croirait rapportée de Stamboul.

En un temps de trot, nous voici montés jusqu'à la porte inférieure de la vieille forteresse — et, naturellement, tout le Caire, qui est là proche, semble monter en même temps que nous; pas encore l'amas sans fin des maisons, mais seulement, pour commencer, les milliers de minarets, qui, en quelques secondes, pointent tous dans le ciel triste, donnant déjà l'impression qu'une ville immense ne tardera pas à se déployer sous nos yeux.

Double enceinte, doubles ou triples portes comme en ont toutes les citadelles anciennes, et, par un chemin toujours ascendant, nous pénétrons dans une grande cour fortifiée où des murs à créneaux nous masquent soudain la vue. Un poste de soldats est là de garde, — et combien imprévus, de tels soldats, dans ce lieu sacré pour l'Égypte ! Des uniformes rouges et des figures blanches du Nord : des Anglais, installés à demeure chez le grand Mehemet Ali !...

La mosquée se présente d'abord, précède le palais. Dès qu'on s'en approche, c'est bien Stamboul — pour moi, le cher Stamboul, — qui s'évoque en la mémoire : rien, dans les lignes architecturales ni dans les détails d'ornementation, rien de l'art arabe, — plus pur peut-être que celui-ci, et dont les autres mosquées du Caire offrent des modèles admirables ; non, c'est un coin de la Turquie, où l'on vient d'arriver tout à coup.

Après une cour dallée de marbre, silencieuse et très enclose, qui sert de vaste parvis, le sanctuaire rappelle, avec plus de magnificence encore, ceux de Mehmet Fatih ou de Chah Zadé : même pénombre sainte, où chaque étroite fenêtre jette par son vitrail un éclat de pierreries ; entre les énormes piliers, même écartement excessif laissant plus d'espace libre que dans nos églises, sous des dômes qui ont l'air de tenir un peu par enchantement.

Des parois en étrange marbre blanc zébré de jaune. A terre, des tapis d'un rouge sombre, couvrant tout. Aux voûtes, très ouvragées, rien que des noirs et des ors; sur le noir des fonds, un semis de rosaces d'or, et puis des arabesques, comme des dentelles d'or posées en bordure. Et d'en haut descendent des milliers de chaînettes dorées, soutenant les innombrables veilleuses pour les prières des soirs. Çà et là, des gens sont à genoux, petits groupes en robe et turban, dispersés au hasard sur le rouge des tapis, et un peu perdus au milieu de cette solitude somptueuse.

Dans un angle obscur, repose Mehemet Ali, le prince aventureux et chevaleresque autant qu'un héros de légende, et l'un des plus grands souverains de l'histoire contemporaine; il est là derrière de hautes grilles d'or, d'un dessin compliqué, en ce style turc déjà décadent, mais encore si joli, qui fut celui de son époque.

Entre les barreaux dorés, on aperçoit dans l'ombre le catafalque d'apparat, à trois étages, que recouvrent des brocarts bleus, fanés délicieusement, brodés et rebrodés d'or éteint. Devant la porte fermée de cette sorte d'enclos funéraire, se croisent deux longues palmes vertes, coupées fraîchement à quelque dattier du voisinage. Et il semble que tout cela s'entoure d'une inviolable paix religieuse...

Mais tout à coup, tapage de conversations en langue teutonne, — et des éclats de voix, et des rires!... Comment est-ce possible, si près du grand mort?... Entrée d'une bande de touristes, habillés en « gens chics » ou à peu près. Un guide à visage de drôle leur fait la nomenclature des beautés du lieu, parlant à tue-tête, comme s'il était chargé du boniment dans une ménagerie. Et l'une des voyageuses, à cause de sandales trop larges qui la font trébucher, rit d'un petit rire bête et continu, comme glousserait une dinde...

Alors, il n'y a pas de police, de gardien, dans cette mosquée sainte? Et parmi les fervents prosternés en prière, pas un qui se lève et s'indigne!... Qui donc, après cela, vient nous parler du fanatisme des Égyptiens?... Trop débonnaires plutôt, ils me sont apparus partout. Dans n'importe quelle église d'Europe, où des hommes prieraient agenouillés, je voudrais voir comment seraient accueillis des touristes musulmans qui, par impossible, se tiendraient aussi mal que ces sauvages-là.

*
* *

Derrière la mosquée, une esplanade, et puis le palais.

Le palais, il n'existe pour ainsi dire plus, car on en a fait une caserne pour les « troupes d'occupation ». Et ils sont tous alentour, les soldats anglais, fumant leurs grosses pipes pendant la flânerie du soir; l'un d'eux qui ne fume pas, s'escrime à graver son nom au couteau sur l'une des assises de marbre, à la base du sanctuaire.

Au bord de l'esplanade, une sorte de balcon s'avance, d'où l'on découvre brusquement toute la ville, avec une étendue infinie de plaines vertes ou de jaunes déserts. Un point de vue classique pour voyageurs des agences; nous y retrouvons ceux de la mosquée, qui nous y ont précédés, les messieurs au verbe haut, le guide qui hurle et la dame qui glousse. Quelques soldats y ont pris place aussi, et contemplent, la pipe à la bouche. — Malgré tout ce monde, et malgré ce ciel d'hiver, on est saisi quand même, en arrivant, et c'est encore admirable.

Féerie bien différente de celle de Stamboul, qui s'érige, lui, en amphithéâtre au-dessus du Bosphore et de la Marmara. Ici, la ville immense est uniment déployée dans une plaine qu'environnent des solitudes de sable et que dominent des rochers chaotiques. Les minarets par milliers se lèvent de partout comme les épis de blé dans un champ; jusqu'au fond des lointains, on voit se multiplier leurs pointes fuselées; mais, au lieu d'être simplement, comme à Stamboul, des flèches blanches, ils se compliquent ici d'arabesques, de galeries, de clochetons, de colonnettes, et semblent avoir emprunté la couleur fauve des proches déserts.

Les toits en terrasses disent une région qui fut autrefois sans pluie, et les innombrables palmiers des jardins, au-dessus de cet océan de mosquées et de maisons, balancent au vent leurs plumets, qui étonnent sous ces nuages chargés d'averses froides. Vers le sud et vers l'ouest, aux dernières limites de la vue, des triangles géants apparaissent, comme posés sur l'horizon brumeux des plaines : c'est Gizeh et c'est Memphis, ce sont les Pyramides éternelles.

Et au nord de la ville, s'avance un coin très particulier du désert, couleur de bistre et de momie, où toute une peuplade de hautes coupoles à l'abandon se tient encore debout, au milieu des sables et des roches désolées : l'orgueilleux cimetière de ces sultans mamelouks, qui finirent ici avec le moyen âge.

Si l'on regarde bien, quel délabrement, quel amas de ruines dans cette ville encore un peu féerique, battue ce soir par les rafales d'hiver ! Les dômes, les saints tombeaux, les minarets, les terrasses, tout est croulant, tout va mourir. Mais là-bas, très au loin, près de cette traînée d'argent qui passe dans les plaines et qui est le vieux Nil, les temps nouveaux s'indiquent par des cheminées d'usines, effrontément hautes, enlaidissant tout et lançant au milieu du crépuscule d'épaisses fumées noires...

La nuit tombe, quand nous redescendons de cette esplanade pour rentrer au logis.

D'abord l'ancien Caire, qu'il faut traverser,

tout le dédale encore charmant où les mille petites lampes des boutiques arabes allument déjà leurs flammes discrètes. Dans des rues qui se contournent à leur caprice, et sous tant de balcons qui débordent, grillagés de très fines menuiseries, il faut ralentir notre course, au milieu de la foule serrée des gens et des bêtes. Près de nous passent les fellahines voilées de noir, gentiment mystérieuses comme aux vieux temps, et les hommes restés graves, sous la longue robe et les blanches draperies; passent aussi les petits ânes, très pompeusement parés de colliers en perles bleues, et les files de lents chameaux, avec leurs charges de luzerne qui sentent la bonne odeur des champs. Dans la demi-obscurité, qui masque les décrépitudes, c'est parfois de l'Orient resté adorable, quand, au-dessus des maisonnettes si agrémentées de moucharabiehs et d'arabesques, on voit tout à coup quelques-uns des grands minarets aériens, qui s'élancent prodigieusement haut dans le ciel crépusculaire.

Cependant, que de ruines, d'immondices, de décombres! Comme on sent que tout cela se meurt!... Et puis quoi : des lacs maintenant, en pleine rue! On sait bien qu'il pleut ici beaucoup plus que jadis, depuis que la vallée du Nil est artificiellement inondée; mais c'est invraisemblable quand même, toute cette eau noire où notre voiture s'enfonce jusqu'aux essieux, car il y a *huit jours* que n'est tombée une averse un peu sérieuse. Alors les nouveaux maîtres n'ont pas songé au drainage, dans ce pays dont le budget d'entretien annuel a été porté par leurs soins à quinze millions de livres? — Et les bons Arabes, avec patience, sans murmurer, retroussent leurs robes, jambes nues jusqu'aux genoux, pour cheminer au milieu de cette eau déjà pestilentielle, qui doit couver pour eux des fièvres et de la mort.

Plus loin, la voiture courant toujours, voici que peu à peu le décor change, hélas! Les rues se banalisent; les maisons de *Mille et une Nuits* font place à d'insipides bâtisses levantines; les lampes électriques commencent à piquer l'obscurité de leurs fatigants éclats blêmes; et, à un tournant brusque, le nouveau Caire nous apparaît.

Qu'est-ce que c'est que ça, et où sommes-nous tombés? En moins comme il faut encore, on dirait Nice, ou la Riviera, ou Interlaken, l'une quelconque de ces villes carnavalesques où le mauvais goût du monde entier vient s'ébattre aux saisons dites élégantes. — Mais, dans ces quartiers-ci par exemple, qui appartiennent aux étrangers ou aux Égyptiens ralliés franchement, tout est asséché, soigné, bien tenu; plus de cloaques ni d'ornières; les quinze millions de livres ont fait consciencieusement leur office.

Partout de l'électricité aveuglante; des hôtels monstres, étalant le faux luxe de leurs façades raccrocheuses; le long des rues, triomphe du toc, badigeon sur plâtre en torchis; sarabande de tous les styles, le rocaille, le roman, le gothique, l'art nouveau, le pharaonique et surtout le prétentieux et le saugrenu. D'innombrables cabarets, qui regorgent de bouteilles : tous nos alcools, tous nos poisons d'Occident, déversés sur l'Égypte à bouche-que-veux-tu.

Des estaminets, des tripots, des maisons louches. Et, plein les trottoirs, des filles levantines, qui visent à s'attifer comme celles de Paris, mais qui, par erreur, sans doute, ont fait leurs commandes chez quelque habilleuse pour chiens savants.

Alors ce serait le Caire de l'avenir, cette foire cosmopolite?... Mon Dieu, quand donc se reprendront-ils, les Égyptiens, quand comprendront-ils que les ancêtres leur avaient laissé un patrimoine inaliénable d'art, d'architecture, de fine élégance, et que, par leur abandon, l'une de ces villes qui furent les plus exquises sur terre s'écroule et se meurt?

Parmi ces jeunes mulsulmans ou coptes, sortis des écoles, il est tant d'esprits distingués cependant et d'intelligences supérieures! Tandis que je vois encore les choses d'ici avec mes yeux tout neufs d'étranger débarqué hier sur ce sol imprégné d'ancienne gloire, je voudrais pouvoir leur crier, avec une franchise brutale peut-être, mais avec une si profonde sympathie :

« Réagissez, avant qu'il soit trop tard. Contre

l'invasion dissolvante, défendez-vous, — non par la violence, bien entendu, non par l'inhospitalité ni la mauvaise humeur, — mais en dédaignant cette camelote occidentale dont on vous inonde quand elle est démodée chez nous. Essayez de préserver non seulement vos traditions et votre admirable langue arabe, mais aussi tout ce qui fut la grâce et le mystère de votre ville, le luxe affiné de vos demeures. Il ne s'agit pas là que de fantaisies d'artistes, il y va de votre dignité nationale. Vous étiez des *Orientaux* (je prononce avec respect ce mot qui implique tout un passé de précoce civilisation, de pure grandeur), mais encore quelques années, si vous n'y prenez garde, et on aura fait de vous de simples courtiers levantins, uniquement occupés de la plus-value des terres et de la hausse des cotons. »

III

MOSQUÉES DU CAIRE

Elles sont presque innombrables, plus de trois mille, et cette ville si grande, qui couvre quatre lieues de plaine, pourrait s'appeler une ville de mosquées. (Bien entendu, je parle du Caire ancien, du Caire arabe; le Caire nouveau, quelconque ou funambulesque, celui des élégances en toc et des *Sémiramis-Hôtel* ne méritant d'être mentionné qu'avec un sourire.)

Donc, une ville de mosquées, disais-je. Le long des rues, parfois elles se suivent, deux, trois, quatre à la file, s'appuyant les unes aux autres et s'enchevêtrant. Partout dans l'air s'élancent leurs minarets brodés d'arabesques, ciselés, compliqués avec la plus changeante fantaisie; ils ont des petits balcons, des colonnettes, ils sont si découpés qu'on aperçoit le jour au travers; il y en a de lointains, il y en a de tout proches qui pointent en plein ciel au-dessus de votre tête; n'importe où l'on regarde on en découvre d'autres, à perte de vue; tous de la même couleur bise et tournant au rose. Les plus archaïques, ceux des vieux temps débonnaires, se hérissent de morceaux de bois qui sont des perchoirs pour faire reposer les grands oiseaux libres et toujours quelques milans, quelques corbeaux songeurs se tiennent là postés, contemplant à l'horizon les sables, la ligne des jaunes solitudes.

Trois mille mosquées. Plus haut que les maisonnettes d'alentour, montent leurs murailles droites, un peu sévères, percées à peine de minuscules fenêtres en ogive; murailles couleur bise ainsi que les minarets, et peintes de rayures horizontales en un vieux rouge qui s'est fané au soleil; murailles couronnées toujours de séries de trèfles imitant des créneaux, mais de trèfles d'un dessin chaque fois différent et imprévu.

Pour y accéder, toujours quelques marches et une rampe de marbre blanc, — car elles sont surélevées comme des autels. Et dès la porte on entrevoit de calmes profondeurs très en pénombre. D'abord des couloirs, étonnamment hauts de plafond, sonores et demi-obscurs; sitôt qu'on y est entré, on sent qu'il fait frais, qu'il fait paisible; ils vous préparent, on commence à s'y imprégner de recueillement et déjà on y parle bas. Dans la rue trop étroite que l'on vient de quitter, il y avait foule orientale et tapage, cris de vendeurs, bruits d'humbles métiers anciens; des gens, des bêtes vous frôlaient; on manquait d'air, sous tant de moucharabiehs surplombants. Ici, soudain c'est le silence avec de vagues murmures de prières et des chants flûtés d'oiseaux; c'est le silence, et c'est l'espace libre, quand on arrive au saint jardin enclos de grands murs, ou bien au sanctuaire qui resplendit d'une discrète et reposante magnificence. Peu de monde en général, dans ces mosquées, — si ce n'est, bien entendu, aux heures des cinq offices du jour. En quelques coins d'élection, particulièrement ombreux et frais, des vieillards s'isolent pour lire du matin au soir les saints livres et regarder approcher la mort : sous des turbans blancs, barbes blanches et visages tranquilles. Ou bien ce sont de pauvres hères sans gîte, qui sont venus chercher l'hospitalité d'Allah, et qui dorment sans souci de demain, étendus de tout leur long sur une natte.

Le charme rare de ces jardins de mosquée, souvent très vastes, est d'être si jalousement enclos entre leurs grands murs — toujours couronnés de trèfles de pierre — qui n'y laissent rien deviner des agitations du dehors; des palmiers de cent ans y jaillissent du sol, séparément ou en bouquets superbes, et y tamisent la lumière d'un toujours chaud soleil, sur des rosiers, sur des hibiscus en fleur. Il ne s'y fait jamais de bruit non plus que dans des cloîtres, car les gens y marchent d'une allure lente, chaussés de babouches. Et ce sont aussi des édens pour les oiseaux, qui y vivent et y chantent en toute sécurité, même pendant les offices, attirés par de petites auges que les imans emplissent d'eau du Nil, à leur intention, chaque matin.

Quant à la mosquée elle-même, rarement elle est un lieu fermé de tous côtés, comme dans les pays de l'Islam plus sombre du Nord; en Égypte, non; puisqu'il n'y a pas de véritable hiver et presque jamais de pluie, on a pu laisser une des faces complètement ouverte sur le jardin, et le sanctuaire n'est séparé de la verdure et des roses que par une simple colonnade; cela permet aux fidèles, groupés sous les palmiers, de prier là tout aussi bien qu'à l'intérieur, puisqu'ils aperçoivent, entre les arceaux, le saint mihrab[1].

Oh! ce sanctuaire, vu du silencieux jardin, ce sanctuaire où des ors pâlis brillent aux vieux plafonds de cèdre, où des mosaïques de nacre brillent sur les parois et imitent des broderies d'argent qu'on y aurait tendues!

Point de faïences, comme dans les mosquées de la Turquie ou de l'Iran. Ici, c'est le triomphe des patientes mosaïques : les nacres de toutes les couleurs, et tous les marbres, et tous les por-

---

1. On sait que le mihrab est une sorte de portique indiquant la direction de la Mecque; il est placé au fond de chaque mosquée, comme dans nos églises l'autel, et on doit lui faire face lorsqu'on prie.

phyres, découpés en myriades de petits morceaux précis et pareils, assemblés ensuite pour composer les dessins arabes qui jamais n'empruntent rien à la forme humaine, non plus qu'à aucune forme animale, mais rappellent plutôt ces cristallisations variées à l'infini que l'on découvre au microscope dans les flocons de la neige. C'est toujours le mihrab qui est orné avec la plus minutieuse richesse; en général, des colonnettes de lapis, intensément bleues, s'y détachent en relief, encadrant des mosaïques si délicates qu'elles ressemblent à des brocarts ou à des dentelles. Aux vieux plafonds de cèdre — où les oiseaux chanteurs d'alentour ont leurs nids — les ors se mêlent à de précieuses enluminures, que les siècles ont pris soin d'atténuer, de fondre ensemble; et çà et là de très fines et longues consoles en bois sculpté ont l'air de retomber des maîtresses poutres, de s'étaler sur les murailles comme des coulées de stalactites — que l'on aurait aussi, dans les temps, soigneusement peintes et dorées. Quant aux colonnes toujours disparates, les unes de marbre amarante, les autres de vert antique, les autres de porphyre rouge, avec des chapiteaux de tous les styles, elles viennent de loin, de la nuit des âges, des tourmentes religieuses antérieures et attestent les prodigieux passés que connut cette vallée du Nil, pourtant si étroite et enserrée par les déserts; elles ont été jadis dans des temples païens, où elles ont connu les étranges visages des dieux de l'Égypte, de la Grèce et de Rome ; elles ont été dans des églises chrétiennes primitives, où elles ont vu des statues de martyrs contorsionnés et des images de Christs en extase couronnés de l'auréole byzantine ; elles ont assisté à des batailles, des écroulements, des hécatombes et des sacrilèges ; à présent, réunies au hasard dans ces mosquées, elles ne voient plus, sur les parois des sanctuaires, que les mille petits dessins idéalement purs de cet Islam qui veut que les hommes, lorsqu'ils prient, conçoivent Allah immatériel, Esprit sans contours et sans visage.

Chacune de ces mosquées a son saint défunt, dont elle porte le nom, et qui dort à côté, dans un kiosque mortuaire y attenant : c'est quelque prêtre qui se fit admirer pour ses vertus, ou bien un khédive d'autrefois, ou un guerrier, un martyr. Et le mausolée, qui communique avec le sanctuaire par une baie tantôt ouverte tantôt garnie de grillages, est surmonté toujours d'une coupole spéciale, une haute, haute et étrange coupole qui monte vers le ciel comme un gigantesque bonnet de derviche. Au-dessus de la ville arabe, et même dans les sables du désert voisin, partout ces dômes funéraires s'élèvent auprès des vieux minarets, donnant, le soir, ce sentiment que c'est le mort lui-même, le mort agrandi, qui se dresse, sous un bonnet devenu colossal. — On peut, si l'on veut, prier chez le saint tout comme dans la mosquée; chez lui, c'est toujours plus enclos et plus en pénombre. C'est plus simple aussi, au moins à hauteur d'homme : sur une estrade de marbre blanc, plus ou moins usée et jaunie par le toucher des mains pieuses, rien qu'un austère catafalque en marbre pareil, orné seulement d'une inscription coufique. Mais, si on lève la tête pour regarder l'intérieur du dôme — le dedans du bonnet de derviche, pourrait-on dire, — on voit briller, entre des grappes de stalactites peintes et dorées, quantité de petits vitraux exquis, de petites fenêtres qui ont l'air constellées d'émeraudes, de rubis et de saphirs. Chez le saint, les oiseaux ont aussi leurs entrées, bien entendu; ils salissent un peu les tapis, c'est vrai, les nattes où l'on s'agenouille, et leurs nids font des taches là-haut parmi les dorures du cèdre ciselé; mais leur chanson, leur symphonie de volière est si douce aux vivants qui prient et aux morts qui rêvent...

* * *

Cependant, qu'est-ce donc qui manque à ces mosquées pour vous prendre tout à fait?... C'est sans doute que l'accès en est trop facile, que l'on s'y sent trop près des quartiers modernisés, des hôtels bondés de touristes — et que l'on y prévoit à tout instant l'intrusion bruyante d'une bande Cook, le « Bædeker » à la main. Hélas!

elles sont mosquées du Caire, du pauvre Caire envahi et profané... Oh! celles du Maroc, fermées si jalousement! celles de la Perse, ou même celles du Vieux-Stamboul, où le suaire de l'Islam vous enveloppe en silence et vous pèse doucement aux épaules dès qu'on en franchit le seuil!...

***

Et pourtant, avec quels soins on s'efforce aujourd'hui de les faire survivre, ces mosquées-là, qui ont dû être jadis des refuges adorables! Pendant des siècles, jamais entretenues, jamais réparées, malgré la vénération des insouciants fidèles, la plupart tombaient en ruine; les fines boiseries s'en allaient de vermoulure, les coupoles étaient crevées, les mosaïques jonchaient le sol comme d'une grêle de nacre, de porphyre et de marbre. Et il semblait que réparer tout cela fût une besogne absolument irréalisable; c'était même folie, disait-on, d'en concevoir le projet.

Eh bien! depuis vingt ans bientôt, une armée de travailleurs est à l'œuvre, sculpteurs, marbriers, mosaïstes. Déjà certains sanctuaires, les plus vénérables, sont entièrement reconstitués; après avoir retenti pendant quelques années du tapage des marteaux et des cisailles pour de prodigieuses restaurations, ils viennent d'être rendus à la paix, à la prière, et les oiseaux y recommencent des nids. Ce sera une gloire du règne actuel d'avoir préservé, avant qu'il fût trop tard, tout ce legs magnifique de l'art musulman. Quand la ville de *Mille et une Nuits* qui était ici autrefois aura fini de disparaître pour faire place à un banal entrepôt de commerce et de plaisir, où la ploutocratie du monde entier viendra s'ébattre chaque hiver, — il restera au moins cela, pour témoigner combien fut magnifiquement rêveuse la vie arabe antérieure. Il restera ces mosquées longtemps encore, même quand on n'y priera plus, même quand les hôtes ailés en seront partis, faute des auges d'eau du Nil, — emplies à leur intention par ces bons imams, dont ils payent l'hospitalité en faisant entendre dans les cours, sous les plafonds de cèdre, sous les voûtes, leur discrète petite musique d'oiseaux...

IV

LE CÉNACLE DES MOMIES

On dirait une ronde de nuit. Nous sommes deux, promenant une lanterne dans l'obscurité de galeries immenses. Nous venons de refermer sur nous à double tour la porte par laquelle nous étions entrés là, et nous avons conscience d'être rigoureusement seuls, si vaste soit ce lieu, avec tant et tant de salles *communicantes*, et de hauts vestibules, et de larges escaliers, — mathématiquement seuls, pourrait-on presque dire, car c'est ici un palais très spécial, où sur toutes les issues on avait mis les scellés à la tombée du jour, comme on fait du reste chaque soir, à cause des reliques sans prix qui y sont amassées; la rencontre d'aucun être vivant n'est donc possible, malgré tant d'espace libre, et tant de détours, et tant de grandes choses étranges que nous voyons se dresser là-bas partout, projetant des ombres et formant des cachettes.

Notre ronde chemine d'abord au rez-de-chaussée, sur des dalles que font sonner nos pas. Il est environ dix heures. Çà et là, par quelque vitre, se glisse un peu de bleuâtre, grâce aux étoiles qui, pour les gens du dehors, doivent donner des transparences à la nuit; mais c'est égal, il fait solennellement sombre ici, et nous parlons bas, nous rappelant sans doute que, dans les salles au-dessus, il y a des vitrines pleines de morts.

Ces choses qui se dressent le long de notre parcours semblent aussi presque toutes mortuaires. Pour la plupart ce sont des sarcophages en granit, d'orgueilleux et indestructibles sarcophages : les uns, ayant forme de gigantesque boîte, ont été alignés sur des socles, — et il en est parmi ceux-là qui représentent les premières conceptions humaines, des conceptions vieilles de cinq, six et sept mille ans; les autres ayant forme de momie, debout contre les murailles, nous montrent d'énormes visages, d'énormes coiffures, et se tiennent ramassés comme des géants qui porteraient de trop grosses têtes sur des cous trop dans les épaules. Il y a en outre beaucoup de colosses qui sont de simples statues et n'ont jamais recélé de cadavre dans leurs flancs; tous gardent aux lèvres le même imperceptible sourire; ils avoisinent le plafond avec leur bonnet de sphinx et leur regard fixe passe trop haut pour nous voir.

Il y a enfin, çà et là, des êtres pas plus grands que nous, ou même des êtres tout petits, d'une taille de gnome. Et parfois une paire d'yeux d'émail, grands ouverts et imprévus à quelque tournant, plongent tout droit au fond des nôtres, ont l'air de nous suivre, nous font frissonner en nous jetant soudain comme l'étincelle d'une pensée qui viendrait de l'abîme des âges.

Cependant nous marchons vite et plutôt distraits, car ce n'est pas pour ces simulacres du rez-de-chaussée que nous sommes venus, mais pour de plus redoutables hôtes. Elle éclaire d'ailleurs si peu, notre lanterne, dans les profondes salles, que tout ce monde en granit, en grès, en marbre, tout ce monde n'apparaît bien qu'à l'instant précis de notre passage, mais change aussitôt, déploie sur les murs des ombres fantastiques, et puis se confond avec cette foule muette, toujours plus nombreuse derrière nous.

De place en place, il y a des manches à incendie enroulées sur elles-mêmes, chacune ayant sa lance qui brille d'un éclat de cuivre rouge. Et je demande à mon compagnon de ronde : « Qu'est-ce qui pourrait bien brûler ici, ce ne sont que bonshommes de pierre? — Ici, non, me répondit-il; mais *ce qu'il y a là-haut*, représentez-vous comme cela flamberait! » — Ah! c'est vrai, *ce qu'il y a là-haut*, et qui est justement le but de ma visite... Je n'y songeais pas, moi, au feu prenant dans une assemblée de momies : les vieilles chairs, les vieilles chevelures, les vieilles carcasses de rois ou de reines, si imbibées de natrum et d'huiles, crépitant comme paquets d'allumettes!... C'est surtout à cause de ce danger-là, du reste, que les scellés sont mis aux portes dès que le soir tombe, et qu'il faut une faveur particulière pour être admis à pénétrer dans ce lieu, la nuit, avec une lanterne.

En plein jour, rien de banal comme ce « musée des Antiquités égyptiennes », composé pourtant de souvenirs sans prix. C'est la plus pompeuse et la plus outrageante de ces bâtisses dépourvues de style dont s'enrichit chaque année le Caire nouveau ; entre qui veut, pour y dévisager de près, sous un trop brutal éclairage, des morts et des mortes augustes, qui avaient si bien cru se cacher pour l'éternité.

Mais la nuit!... Oh! la nuit, toutes portes closes, c'est le palais du cauchemar et de la peur. La nuit, au dire des gardiens arabes, qui n'entreraient pas à prix d'or, même après avoir fait leur prière, des Formes affreuses s'échappent, non seulement de tous les personnages embaumés qui habitent là-haut dans les vitrines, mais aussi des statues funéraires, des papyrus, de mille choses qui, au fond des tombeaux, se sont longuement imprégnées d'essence humaine; les Formes ressemblent à des cadavres, ou parfois à de vagues bêtes, même rampantes; après avoir erré dans les salles, elles finissent par se réunir, pour des conciliabules, sur les toits...

Nous montons maintenant un escalier monumental, qui est vide dans toute sa largeur, et où nous voici délivrés pour un temps de l'obsession de ces rigides figures, de ces regards, de ces sourires de personnages en pierre blanche ou en granit noir qui se pressaient dans les galeries et les vestibules du rez-de-chaussée. Aucun d'eux sans doute ne montera derrière nous; mais c'est égal, ils gardent en foule et embrouillent de leurs ombres les seuls chemins par lesquels nous pourrions battre en retraite si les hôtes plus inquiétants de là-haut nous réservaient un trop sinistre accueil...

Celui qui a bien voulu faire fléchir pour moi les consignes de nuit est l'illustre savant auquel on a confié la direction des fouilles dans le sol d'Égypte; il est aussi l'ordonnateur du prodigieux musée, et c'est lui-même qui a la bonté de me guider ce soir dans ce labyrinthe.

A travers le silence des salles d'en haut, voici que nous nous dirigeons maintenant tout droit vers ceux et celles à qui j'ai demandé audience nocturne.

La nuit, cela paraît sans fin, l'enfilade de ces chambres à vitrines dont le déploiement est de plus de quatre cents mètres sur les quatre faces de l'édifice. Après avoir passé devant les papyrus, les émaux, les vases canopes recéleurs d'entrailles humaines, nous arrivons chez les momies de bêtes sacrées : des chats, des ibis, des chiens, des éperviers, ayant bandelettes et sarcophage; même des singes, restés grotesques jusque dans la mort. Ensuite commencent les masques humains, et, debout dans les armoires, les « cartonnages de momie », qui moulaient le corps par-dessus les bandelettes et reproduisaient, plus ou moins agrandie, la figure défunte. Tout un lot de courtisanes de l'époque gréco-romaine, ainsi moulées en pâte d'après cadavre, et couronnées de roses, nous font des sourires d'appel derrière leurs vitres. Des masques couleur de chair morte alternent avec des masques d'or que notre lanterne, en passant vite, fait briller d'un éclair. Toujours des yeux trop larges, aux paupières trop ouvertes, aux prunelles trop dilatées qui regardent comme avec effarement. Parmi ces cartonnages ou ces couvercles de cercueil à figure, il en est que l'on dirait taillés pour personnes géantes; la tête surtout, sous la lourde coiffure, la tête rentrée comme par farce dans des épaules de bossu, s'indique énorme, tout à fait disproportionnée avec le corps, qui par le bas s'amincit en gaine.

Bien que notre petite lanterne cependant ne s'éteigne pas, il semble que nous y voyons de moins en moins : trop d'obscurité autour de nous, dans des chambres trop vastes, — et dans des chambres qui toutes communiquent, facilitant la promenade de ces Formes qui, le soir, se dégagent et rôdent...

Sur une table de milieu, une chose à donner le

frisson brille dans une boîte en verre, une frêle chose qui faillit vivre il y a quelque deux mille ans. C'est la momie d'un embryon humain, dont on avait dans les temps orné le visage d'une belle couche d'or pour apaiser sa malice de mort-né, — car, d'après la croyance égyptienne, ces petits avortons devenaient de mauvais génies dans les familles lorsqu'on négligeait de leur rendre honneur. Au bout de son corps de rien du tout, sa tête dorée, ses gros yeux de fœtus restent inoubliables de laideur souffrante, d'expression déçue et féroce.

Dans les salles où nous pénétrons après, ce sont des cadavres pour tout de bon qui nous entourent de droite et de gauche ; sur des étagères, les cercueils s'étalent en rangs superposés ; on respire l'odeur fade des momies, et, par terre, lovés toujours comme de gros serpents, les tuyaux de cuir se tiennent prêts, car c'est l'endroit dangereux pour le feu.

— Nous arrivons, me dit le maître de céans ; tenez, là-bas, *les voilà !*

En effet, je reconnais la place, étant venu maintes fois en plein jour comme tout le monde. Malgré ces demi-ténèbres, qui commencent à dix pas de nous tant est petit le cercle lumineux que notre fanal dessine, je puis distinguer déjà le double alignement des grands cercueils royaux, ouverts sans pudeur sous des cages vitrées et dont les couvercles à figure sont posés debout, en sentinelle, contre les murailles.

Nous y sommes enfin, admis à cette heure indue dans le cénacle des rois et des reines, pour une audience vraiment privée.

D'abord la dame au bébé, sur laquelle nous projetons sans nous arrêter la lueur de notre lanterne : une dame qui trépassa en mettant au monde un petit prince mort. Depuis les antiques embaumeurs, personne encore n'a revu son visage, à cette reine Makéri; dans le cercueil, ce n'est qu'une longue forme féminine, dessinée sous l'emmaillotage serré des bandelettes aux tons bis; contre ses pieds, repose le bébé fatal, recroquevillé drôlement, voilé et mystérieux comme elle, sorte de poupée mise là, dirait-on, pour lui tenir éternelle compagnie pendant que se traîneraient les siècles et les millénaires.

Ensuite se déroule, plus intimidante à aborder, la série des momies démaillotées. Ici, dans chaque cercueil sur lequel nous nous penchons, il y a une tête qui nous regarde, ou qui ferme les yeux pour ne pas nous voir, il y a des épaules maigres, de maigres bras et des mains aux ongles trop longs qui sortent de lugubres guenilles. Chaque nouvelle momie royale que notre lanterne éclaire nous réserve une surprise et le frisson d'un effroi différent; elles se ressemblent si peu! Les unes rient en montrant des dents jaunes, les autres ont une expression de tristesse ou de souffrance infinie. Tantôt les visages sont minces, très fins, restés jolis malgré le pincement des narines.

Tantôt ils sont démesurément élargis de bouffissure putride, avec le bout du nez mangé : les embaumeurs, comme on sait, n'étaient pas sûrs de leurs moyens; les momies ne réussissaient pas toujours; chez quelques-unes il se produisait des tuméfactions, des pourritures, même des éclosions soudaines de larves, de « compagnons sans oreilles et sans yeux », qui finissaient bien par mourir avec le temps, mais après avoir perforé toutes les chairs.

A peu près par dynastie et par ordre chronologique, les orgueilleux Pharaons sont là piteusement rangés, le père, le fils, le petit-fils, l'arrière-petit-fils. Et de vulgaires étiquettes de papier disent seules leurs noms écrasants : Sethos Ier, Ramsès II, Sethos II, Ramsès III, Ramsès IV, etc. Il n'en manque bientôt plus à l'appel, tant on a fouillé au cœur des rochers et du sol pour les avoir tous, et ces vitrines de musée seront sans doute leur résidence dernière. Dans l'antiquité, ils ont cependant pérégriné souvent depuis leur mort, car aux époques troublées de l'histoire d'Égypte, c'était une des lourdes préoccupations du souverain régnant : cacher, cacher ces momies d'ancêtres, dont la terre s'emplissait de plus en plus et que les violateurs de sépultures étaient si habiles à dépister; alors on les promenait clandestinement d'un trou à un autre, les enlevant chacun de son fastueux souterrain personnel, pour à la fin les murer de compagnie dans quelque humble caveau plus discret. Mais c'est ici qu'elles vont achever bientôt leur retour à la poussière, différé comme par miracle pendant tant de siècles; aujourd'hui, dépouillées de leurs bandelettes, elles ne dureront plus, et il faudrait se hâter de graver ces physionomies de trois ou quatre mille ans qui vont s'évanouir.

Dans ce cercueil — l'avant-dernier de la rangée de gauche, — c'est le grand Sésostris en personne qui nous attend. Nous connaissons d'ailleurs de longue date son visage de nonagénaire, son nez en bec de faucon, les brèches entre ses dents de vieillard, son cou décharné d'oiseau et sa main qui se lève en geste de menace. Voici vingt ans qu'il a revu la lumière, ce maître du monde. Il était enroulé, *des milliers de fois*, dans un merveilleux linceul en fibres d'aloès, plus fin qu'une mousseline des Indes, qui avait dû coûter des années de travail et mesurait quatre cents mètres de long; le démaillotage, en présence du khédive Tewfik et des grands personnages de l'Égypte, dura deux heures, et après le dernier tour, quand la figure illustre apparut, l'émotion fut telle parmi les assistants qu'ils se bousculèrent comme un troupeau, et le pharaon fut renversé. Il a du reste beaucoup fait parler de lui, le grand Sésostris, depuis son installation au musée. Un jour, tout à coup, d'un geste brusque, au milieu des gardiens, qui fuyaient en hurlant de peur, il a levé cette main [1], qui est encore en l'air et qu'il n'a plus voulu baisser. Ensuite est survenue, dans ses vieux cheveux d'un blanc jaunâtre et le long de tous ses membres, l'éclosion d'une faune cadavérique très fourmillante qui a nécessité un bain complet, au mercure. — Lui aussi a son étiquette, en papier écolier, collée sur le bord de sa boîte, et on y lit, tracé d'une écriture négligée, ce nom formidable qui fit trembler tous les peuples de la terre : « Ramsès II (Sésostris) »!... Il n'y a pas à dire, il a beaucoup décliné et noirci depuis seulement une quinzaine d'années que je le connais. C'est un fantôme qui s'en va; malgré les soins dont on l'entoure, c'est un pauvre fantôme tout près de se désagréger, de s'anéantir. Nous promenons devant son nez crochu notre lanterne, pour mieux déchiffrer, par le jeu de l'ombre, son expression encore autoritaire... Ainsi les destinées du monde se réglaient jadis, sans appel, au fond de ce crâne, qui semble plutôt étroit sous la peau sèche et les horribles cheveux blanchâtres! Et tout ce qui a dû tenir de volonté là dedans, et de passion, et de colossal orgueil! Sans compter ce souci, que nous ne concevons plus, mais qui primait tout à son époque : celui d'assurer la magnificence et l'inviolabilité de la sépulture... Ainsi cet épouvantail édenté et sénile, qui s'exhibe

1. On explique ce mouvement par un rayon de soleil qui, tombant sur son bras déshabillé, aurait fait dilater et jouer les os du coude.

là dans ses chiffons immondes, avec toujours sa main levée pour une impuissante menace, a été autrefois l'étincelant Sésostris, qui connut l'excès presque surhumain des triomphes et des splendeurs; le maître des rois, et aussi, par sa force et sa beauté, le demi-dieu, dont maints colosses de granit ou de marbre, à Memphis, à Thèbes, à Louxor, reproduisent et essayent d'éterniser les jarrets musculeux, la poitrine d'athlète...

Dans le cercueil tout proche est couché son père, Sethos Ier, qui régna moins longtemps et mourut beaucoup plus jeune que lui. — Or cette jeunesse se voit encore si bien sur les traits de la momie, empreints d'ailleurs de beauté persistante. Vraiment ce roi Sethos, on dirait la statue du Calme et de la Rêverie sereine; aucun effroi ne se dégage de ce mort aux longs yeux fermés, aux lèvres délicates, au menton noble et au profil pur; il est apaisant et agréable à regarder dormir, les mains croisées sur la poitrine. Et on ne s'explique pas, d'ailleurs, en le voyant jeune, qu'il puisse avoir pour fils son voisin, le vieillard presque centenaire.

En passant, nous avons dévisagé quantité d'autres momies royales, tranquilles ou grimaçantes. Mais, pour finir, il en est une (troisième cercueil, là, dans la rangée d'en face), une certaine reine Nsitanébashrou, que j'aborde avec crainte, bien que, pour elle seule peut-être, j'aie souhaité faire cette ronde macabre. Même en plein jour, elle arrive au maximum d'horreur que puisse jeter une figure de spectre ; qu'est-ce que cela va être la nuit sous le vacillement de notre petite lanterne ?...

La voilà donc, la vampiresse échevelée, bien à son poste, étendue, mais toujours comme prête à bondir, et du premier coup je croise le regard en coulisse de ses prunelles d'émail, qui brillent sous les paupières entr'ouvertes, aux cils à peine mangés. Oh ! la terrifiante personne !... Non qu'elle soit laide ; au contraire, on voit qu'elle était plutôt jolie et qu'elle fut momifiée jeune. Ce qu'elle a de particulier surtout, c'est son air déçu et furieux d'être morte... Les embaumeurs l'avaient du reste très pieusement fardée ; mais le rose, sous l'action des sels de la peau, s'est décomposé par places pour donner des macules vertes. Ses épaules nues, le haut de ses bras hors des guenilles qui furent son linceul magnifique, simulent encore des rondeurs grasses, mais se sont tachés aussi de zébrures verdâtres ou noires comme on en voit sur les serpents. Certes aucun cadavre, ni ici ni ailleurs, n'a jamais gardé cette expression de vie intense, et d'ironique, d'implacable férocité ; sa bouche est tordue par un petit rire de défi, ses narines se pincent comme feraient celles d'une goule pour flairer du sang, et ses yeux disent à qui s'approche : « Je suis couchée dans ma boîte, oui ; mais tu verras tout à l'heure comme je saurai en sortir! » — Cela déroute de songer que la menace de ce regard terrible et ce semblant de fureur mal contenue duraient déjà depuis des siècles quand débuta notre ère, et duraient pour rien, dans les ténèbres secrètes d'un cercueil fermé, au fond d'un caveau sans porte.

*
* *

Maintenant que nous allons nous retirer, qu'est-ce qu'il se passera ici, avec la complicité du silence, aux heures plus profondes de la nuit? Est-ce qu'ils vont rester inertes et rigides, une fois livrés à eux-mêmes, tous ces embaumés qui faisaient mine d'être sages parce que nous étions là? Quels échanges de vieux fluide humain vont se continuer, comme sans doute chaque soir, d'un cercueil à un autre? Jadis, ces rois, ces reines, dans leur obsédante inquiétude sur l'avenir de leur momie, avaient pu imaginer des violations, des pillages, des émiettements parmi le sable du désert, mais jamais cela : être réunis un jour, et presque tous à visage dévoilé, si près les uns des autres, en rang sous des glaces. Eux qui gouvernèrent l'Égypte à des siècles d'intervalle et ne s'étaient jamais connus que par l'histoire, par les papyrus inscrits d'hiéroglyphes, ainsi mis en présence, tant de choses ils ont à se dire, tant de questions ardentes à se poser, sur des amours, sur des crimes! Dès que nous serons presque loin, seulement dès que notre lanterne, au bout des longues galeries, ne paraîtra plus que comme un feu follet qui s'échappe, est-ce que les « Formes », dont les gardiens s'épouvantent, ne vont pas commencer leur grouillement, et les voix creuses des momies chuchoter des mots, avec effort?...

Mon Dieu, qu'il fait noir ici! Notre lanterne pourtant ne s'éteint pas, non... Mais on dirait qu'il fait noir de plus en plus... Et, la nuit, tout fermé, comme on sent l'odeur des huiles, dont sont imbibés les linceuls, et, plus intolérablement, la demi-puanteur fade et sournoise de tous ces morts!...

En m'en allant à travers cette obscurité des salles trop longues, un vague instinct de conservation fait que je me retourne tout de même un peu, pour regarder derrière moi. Il me semble que la dame au bébé lève déjà lentement, avec mille précautions et ruses, sa tête encore tout enveloppée... Tandis qu'au contraire, plus là-bas, les cheveux épars, je la devine bien se dressant d'une saccade impatiente sur son séant, la goule aux yeux d'émail, la dame Nsitanébashrou...

V

UN CENTRE D'ISLAM

> « S'instruire est le devoir de tout musulman. »
> (Un verset des *Hadices* ou *Paroles du Prophète*.)

Dans une rue étroite, perdue au milieu des plus anciens quartiers arabes du Caire, en plein dédale encore serré et mystérieusement ombreux, une porte exquise s'ouvre sur de l'espace libre que le soleil inonde; elle est à deux arceaux ouvragés; elle est surmontée d'un haut fronton où des arabesques s'enchevêtrent pour former des rosaces inconnues, et où de saintes écritures s'enroulent avec des complications très savantes.

C'est l'entrée d'Al-Azhar, un lieu vénérable en Islam, d'où sont parties, pendant près de mille ans, les générations de prêtres et de docteurs chargés de répandre la parole du Prophète sur les peuples, depuis le Moghreb jusqu'à la mer d'Arabie, en passant par les grands déserts. Vers la fin de notre x⁰ siècle, les glorieux khalifes Fatimides avaient édifié cet immense assemblage d'arceaux et de colonnes, qui devint le siège de l'université musulmane la plus renommée du monde, et que, depuis lors, tous les souverains de l'Egypte ne cessèrent de compléter, d'agrandir, ajoutant des salles nouvelles, des galeries, des minarets, jusqu'à faire d'Al-Azhar presque une ville au milieu de la ville.

***

> « Celui qui recherche l'instruction est plus aimé de Dieu que celui qui combat dans une guerre sainte. »
> (Un verset des *Hadices*.)

Onze heures, par une journée d'ardent soleil et de pure lumière; Al-Azhar vibre encore d'un multiple bruissement de voix, bien que les leçons du matin soient près de finir.

Une fois franchi le seuil de la double porte ouvragée, voici d'abord la cour, en ce moment vide comme un désert, et éblouissante de soleil. Au delà, tout ouverte, la mosquée déploie ses arcades sans fin, qui se continuent, se répètent, se perdent très loin sous l'obscurité des plafonds, et, dans ce lieu demi-obscur, aux profondeurs confuses, d'innombrables personnages coiffés du turban, accroupis en foule pressée, récitent ou psalmodient tout bas, avec un léger balancement des reins comme pour scander leur déclamation chantante : ce sont les dix mille étudiants venus de tous les points de la terre pour s'imprégner de l'immuable doctrine d'Al-Azhar.

A première vue, on les aperçoit mal, car ils sont loin dans l'ombre, et ici on est aveuglé de rayons; par petits groupes attentifs, de dix ou de vingt, assis sur des nattes autour d'un grave professeur, ils répètent docilement leurs leçons, qui depuis des siècles ont vieilli sans changer comme l'Islam. Ceux qui tiennent cercle tout à fait là-bas, dans les nefs du fond où le jour arrive à peine, comment donc y voient-ils pour déchiffrer sur les feuillets de leurs vieux livres les si difficiles écritures?

En tout cas, gardons-nous de les troubler, — comme tant de touristes, de nos jours, ne craignent pas de le faire; nous entrerons un peu plus tard, quand l'étude du matin sera terminée.

Cette cour, où le soleil de onze heures darde son feu blanc, est un enclos sévèrement et magnifiquement arabe; il nous a isolés soudain du temps et des choses; il doit porter à la prière musulmane; de même que jadis nos cloîtres gothiques portaient à la prière chrétienne. Il est vaste comme un carrousel. D'un côté, il confine à la mosquée même, et partout ailleurs on l'a muré si haut que rien du dehors ne s'y devine plus : des murailles de couleur fauve, où tant de siècles de soleil ont mis des tons ardents, ont prodigué la terre de Sienne et la sanguine; des murailles qui par le bas sont droites, simples, d'une austérité un peu farouche, mais dont la crête, ornementée minutieusement et toute couronnée de créneaux à jours, profile sur le ciel des séries de fines découpures de pierre. Et, au-dessus de cette sorte de dentelle rougeâtre du faîte, qui est là comme pour encadrer le vide si profond et si bleu au-dessus de nous, on voit pointer éperdument tous les minarets d'alentour, rouges aussi, plus rouges encore que la jalouse enceinte, et brodés d'arabesques, ajourés, compliqués de galeries aériennes; les uns presque lointains, les autres effrayants d'être si proches et d'escalader le zénith ; tous saisissants et étranges avec leurs croissants qui brillent et avec leurs bâtons tendus pour appeler les grands oiseaux de l'espace. Malgré soi on lève la tête, fasciné par toute cette beauté qui est en l'air : rien d'autre pourtant que ce carré de ciel merveilleux, sorte de limpide saphir tout enchâssé dans les crénelures d'Al-Azhar, et où montent se perdre les si audacieuses tours fuselées. On est en plein Orient religieux d'autrefois, et on sent combien, sur l'imagination des jeunes prêtres qui se forment ici, doit influer le mystère de cette cour grandiose, où tout le luxe architectural ne consiste qu'en de purs dessins géométriques répétés à l'infini, et ne commence d'ailleurs que très haut, sur les couronnements et les minarets en contact avec le bleu éternel.

**
* *

> « Tel qui instruit les ignorants est comme un vivant parmi des morts.
> » Si un jour se passe sans que j'aie appris quelque chose qui m'approche de Dieu, que l'aube de ce jour ne soit pas bénie. »
>
> (Versets des *Hadices*.)

Celui qui m'amène aujourd'hui dans ce lieu est mon ami Moustafa Kamel pacha[1], le tribun de l'Egypte, et je dois à sa présence de n'être pas traité comme un visiteur quelconque : on s'empresse d'informer le grand maître de l'université d'Al-Azhar, haut personnage en Islam, dont Moustafa fut jadis l'élève, et qui, sans doute, voudra nous accueillir lui-même.

C'est dans une salle très arabe, meublée seulement de divans, que nous reçoit ce grand maître aux simplicités d'ascète et aux élégantes manières de prélat. Son regard et même tout son visage disent combien doit être lourd le sacerdoce qu'il exerce : présider à l'instruction de tant et tant de jeunes prêtres qui iront ensuite porter la

---

1. Ceci se passait une année avant la mort du pacha auquel ce livre est dédié.

foi, la paix et l'immobilité à plus de trois cents millions d'hommes.

Et les voici bientôt, Moustafa pacha et lui, dissertant — comme s'il s'agissait d'un fait d'intérêt actuel — sur un point controversé des événements qui suivirent la mort du prophète, et sur le rôle d'Ali... Oh! combien alors mon ami Moustafa, que j'ai vu si Français en France, m'apparaît tout à coup musulman jusqu'au fond de l'âme! Du reste il en est ainsi pour la plupart des Orientaux qui, rencontrés chez nous, semblent les plus parisianisés : leur modernisme n'est qu'à la surface; en eux-mêmes, tout au fond, l'Islam demeure intact. Et l'on s'explique sans peine que le spectacle de nos troubles, de nos désespoirs, de nos misères, dans ces voies nouvelles où le sort nous jette, les fasse réfléchir et se replier plutôt vers le tranquille rêve des ancêtres...

En attendant que finissent les cours du matin, on nous promène dans les dépendances d'Al-Azhar. Des salles de toutes les époques, annexées les unes après les autres et formant un peu labyrinthe; plusieurs contiennent des *mihrabs*, qui sont, comme on sait, des espèces de portiques toujours festonnés et dentelés comme s'ils étaient ruisselants de gouttes de givre. Des bibliothèques et des bibliothèques, dont les plafonds de cèdre ont été sculptés aux temps où l'on avait le loisir et la patience. Par milliers, de précieux manuscrits d'érudition, qui datent bien de quelques siècles, mais qui, en ce pays, ne se démodent point. Ouverts dans des vitrines, plusieurs Corans inestimables, qui furent jadis calligraphiés et enluminés sur parchemin par de pieux khédives. Et, à une place d'honneur, une grande lunette astronomique pour observer le lever de la lune du Ramadan... Tout cela sent beaucoup le passé. D'ailleurs ce que l'on enseigne aujourd'hui aux dix mille étudiants d'Al-Azhar diffère à peine de ce qu'on leur enseignait sous le règne glorieux des Fatimides, — et qui était alors transcendant ou même nouveau : le Coran et tous ses commentaires; les subtilités de la syntaxe et de la prononciation; la jurisprudence; la calligraphie, qui est restée chère aux Orientaux; la versification; enfin ces mathématiques dont les Arabes furent les inventeurs.

Oui, tout cela sent le passé, la poussière des âges révolus. Et certes les prêtres formés dans cette université de mille ans pourront devenir des esprits d'élite, de nobles et calmes rêveurs, mais ne seront jamais que des retardataires, ancrés bien à l'abri du tourbillon qui nous emporte.

* * *

> « C'est un sacrilège que de prohiber la science. Demander la science, c'est faire acte d'adoration envers Dieu ; l'enseigner, c'est faire acte de charité.
> » La science est la vie de l'Islam, la colonne de la foi. »
> (Versets des *Hadices*.)

La leçon du matin est finie, nous pouvons, sans déranger personne, visiter la mosquée.

Quand nous revenons dans la grande cour aux murs crénelés de dentelles, c'est l'heure où s'y déverse le flot des jeunes hommes en robe et turban qui sortent de la pénombre du sanctuaire. Après être restés depuis le lever du jour accroupis sur des nattes pour étudier ou prier, au bourdonnement confus de leurs milliers de voix, ils vont se répandre un instant dans les proches quartiers arabes, en attendant que commencent les leçons du soir. Par groupes, quelquefois se donnant la main comme des enfants, ils marchent pour la plupart la tête haute et levant les yeux, bien qu'un peu éblouis sous ce soleil qui les saisit dehors et les crible de rayons. Innombrables, ils nous montrent en passant des visages très divers ; c'est qu'ils viennent des quatre vents du monde, les uns de Bagdad, les autres de Bassorah, de Mossoul ou bien du fond du Hedjaz ; ceux du Nord ont des prunelles claires et pâles, et, parmi ceux du Moghreb, du Maroc et du Sahara, plusieurs ont le teint presque noir. Mais leur expression à tous se ressemble : quelque chose d'extatique et de lointain, le même détachement, l'obstination dans le même rêve. En l'air, où se portent leurs yeux levés, c'est — toujours dans ce cadre des créneaux d'Al-Azhar — le ciel presque blanchi par excès de lumière, avec l'élancement des grands minarets rougeâtres, que l'on dirait empourprés par quelque reflet d'incendie. Et, en regardant passer là cette masse de jeunes prêtres ou de jeunes légistes, à la fois si différents et si semblables, on comprend mieux qu'ailleurs combien l'Islam, le plus vieil Islam, garde encore de cohésion et de puissance.

La mosquée où ils font leurs études est maintenant presque vide. Nous y trouvons, en même temps qu'un reposant demi-jour, du silence et des musiques inattendues de petits oiseaux; c'est la saison des couvées et, dans les plafonds de bois ciselé, il y a quantité de nids que personne ne dérange.

Un monde, cette mosquée, où des milliers d'hommes peuvent trouver place à l'aise. Environ cent cinquante colonnes de marbre, provenant de temples antiques, soutiennent les séries d'arceaux des sept nefs parallèles. La lumière ne pénètre que par l'arcade ouverte sur la cour, et il fait si sombre dans les nefs du fond, comment donc les fidèles y voient-ils pour lire, quand le soleil d'Égypte par hasard se voile?

Quelques étudiants sont là encore, restés pendant l'heure du repos, une vingtaine, perdus au milieu de cette vaste solitude, et s'occupant à faire la propreté par terre avec de longues palmes en guise de balai : les étudiants pauvres, ceux-ci, qui n'ont à manger que du pain sec et s'étendent la nuit pour dormir sur la même natte où ils s'étaient tenus assis à travailler toute la journée.

Le séjour de cette université est gratuit pour tous les élèves; les frais de leur nourriture et de leur entretien, assurés par des donations pieuses. Mais, comme ces legs demeurent séparés par nation, il y a inégalité dans les traitements : les jeunes hommes de telle contrée sont presque riches, possèdent une chambre et un bon lit; ceux d'un pays voisin couchent par terre, ont juste de quoi ne pas mourir. Mais aucun d'eux ne se plaint, et ils savent s'entr'aider[1].

Près de nous, un des étudiants pauvres mange sans fausse honte son pain sec de midi, accueillant avec un sourire les moineaux et autres petits voleurs ailés qui descendent des beaux plafonds de cèdre pour lui disputer les miettes de son repas.

Plus loin, dans les nefs du fond peu éclairé, un autre qui dédaigne de manger, ou qui n'a plus de pain, se rassied sur sa natte, une fois terminé son petit service de balayage, et rouvre son Coran

---

1. La durée des études à Al-Azhar varie entre trois et six ans.

pour s'exercer seul à le lire avec l'intonation consacrée. Sa voix facile et chaude, qu'il modère par discrétion, est d'un charme irrésistible dans la sonorité de cette mosquée immense, où l'on n'entendait plus à cette heure que le gazouillis à peine saisissable des couvées, là-haut parmi les poutres aux dorures éteintes. Tous ceux à qui les sanctuaires de l'Islam ont été familiers savent comme moi qu'il n'est pas de livre plus délicieusement rythmé que celui du Prophète ; même si le sens des versets vous échappe, la lecture chantante, qui se fait pendant certains offices, agit sur vous par la seule magie des sons, à la manière de ces oratorios qui, dans les églises du Christ, amènent les larmes. La déclamation tristement berceuse de ce jeune prêtre au visage d'illuminé, aux vêtements de décente misère, a beau être contenue, il semble que peu à peu elle emplisse les sept nefs désertes d'Al-Azhar. On s'arrête malgré soi et on se tait pour l'écouter, au milieu du silence de midi. Et — dans ce lieu si vénérable, où le délabrement, l'usure des siècles s'indiquent partout, même aux colonnes de marbre rongées par le frottement des mains — cette voix d'or qui s'élève solitaire, on dirait qu'elle entonne le lamento suprême sur l'agonie du vieil Islam et sur la fin des temps, l'élégie sur l'universelle mort de la foi dans le cœur des hommes...

* *
*

> « La science est une religion, la prière en est une autre. L'étude est préférable à l'adoration.
> » Allez demander partout l'instruction, même, s'il le fallait, jusqu'en Chine. »
>
> (Versets des *Hadices*.)

Chez nous autres, Européens, on considère comme vérité acquise que l'Islam n'est qu'une religion d'obscurantisme, amenant la stagnation des peuples et les entravant dans cette course à l'inconnu que nous nommons « le progrès ». Cela dénote d'abord l'ignorance absolue de l'enseignement du Prophète, et de plus un stupéfiant oubli des témoignages de l'histoire. L'Islam des premiers siècles évoluait et progressait avec les races, et on sait quel rapide essor il a donné aux hommes sous le règne des anciens khalifes ; lui imputer la décadence actuelle du monde musulman est par trop puéril. Non, les peuples tour à tour s'endorment, par lassitude peut-être, après avoir jeté leur grand éclat : c'est une loi. Et puis un jour quelque danger vient secouer leur torpeur, et ils se réveillent.

Cette immobilité des pays du Croissant m'était chère. Si le but est de passer dans la vie avec un minimum de souffrance, en dédaignant l'agitation vaine, et de mourir anesthésié par de radieux espoirs, les Orientaux étaient les seuls sages. Mais leur rêve n'est plus possible, maintenant que des nations de proie les guettent de tous côtés. Donc, hélas! il faut se réveiller.

Il faut se réveiller, et cela commence. Alors, en Égypte, où l'on sent la nécessité de changer tant de choses, on songe à réformer aussi la vieille université d'Al-Azhar, l'un des grands centres de l'Islam; on y songe avec crainte, sachant le danger de porter la main sur des institutions millénaires; la réforme, cependant, est en principe décidée. Des connaissances nouvelles, venues d'Occident, vont pénétrer dans ce tabernacle des Fatimides; le Prophète n'a-t-il pas dit : « Allez partout demander l'instruction, au besoin jusqu'en Chine? » Qu'en adviendra-t-il? Qui saurait le présager?... Mais ceci, en tout cas, est certain : aux heures éblouissantes de midi, ou aux heures dorées du soir, quand le flot des étudiants ainsi modernisés se répandra dans la grande cour que tant de minarets surveillent, on ne verra plus dans tous ces regards la mystique flamme d'aujourd'hui; et ce ne sera plus l'inébranlable foi, ni la haute et sereine insouciance, ni la paix si profonde qu'ils iront porter, ces messagers, à tous les bouts de la terre musulmane...

VI

CHEZ LES APIS

Les demeures des Apis, dans l'obscurité lourde, en dessous du désert Memphite, sont, comme chacun sait, de monstrueux cercueils en granit noir rangés le long de catacombes toujours chaudes et étouffantes ainsi que d'éternelles étuves.

Des berges du Nil, pour aller chez eux, il nous faut traverser d'abord la région basse que les inondations du vieux fleuve, régulières depuis le commencement des temps, ont fini par rendre propice à l'éclosion des plantes et au développement des hommes : une ou deux heures de route, le soir, à travers des futaies de dattiers dont les belles palmes tamisent sur nos têtes la lumière d'un soleil de mars à demi voilé par des nuages et déjà déclinant. De loin en loin des troupeaux paissent à cette ombre légère. Et nous croisons des fellahs paisibles qui ramènent des champs, vers les villages de la rive, leurs petits ânes chargés de gerbes. Il fait doux et il fait salubre sous ces hauts bouquets de plumes vertes indéfiniment répétés, qu'un vent tiède remue presque sans bruit. On a l'impression d'être dans une zone heureuse, où la vie pastorale doit être facile, même un peu paradisiaque.

Mais là-bas, devant nous, il y a un monde tout autre qui de plus en plus se révèle; son aspect prend l'importance d'une menace de l'Inconnu; il terrifie comme une apparition du chaos, de l'universelle mort... Ce monde, c'est le désert, le désert dominateur, au milieu duquel l'Égypte habitée, les verdures du Nil tracent à peine un étroit ruban, et, ici plus qu'autre part, il est saisissant à regarder surgir, ce désert souverain, tant il se tient surélevé et nous laisse en contre-bas de lui, dans la vallée édénique où les palmiers nous ombragent. Avec ses tons jaunes, ses marbrures livides, avec ses sables qui lui donnent des aspects d'inconsistance, il se dresse sur tout l'horizon comme une espèce de muraille molle ou de grande nuée à faire peur, — plutôt comme une longue vague de cataclysme, qui ne bouge pas, c'est vrai, mais qui pourrait bien se déverser et engloutir. De plus, il est le *désert Memphite*, c'est-à-dire un lieu tel qu'il n'en existe point d'autre sur terre, une nécropole fabuleuse où les hommes d'autrefois ont durant trois mille ans amoncelé des morts embaumés, exagérant de siècle en siècle l'orgueil fou de leurs tombeaux; donc, au-dessus de ces sables qui font l'effet d'une lame de quelque mascaret mondial arrêté dans sa marche, nous voyons se lever de tous côtés, jusqu'au fond des lointains, des triangles aux proportions surhumaines, qui étaient en leur temps des couvercles à momies : les pyramides, encore debout là toutes, sur le sinistre piédestal que leur fait le désert; les unes assez proches, les autres plus perdues dans l'arrière-plan des solitudes, — et peut-être plus terribles pour n'être ainsi qu'esquissées en grisailles, trop haut devant les nuages.

Ces petites voitures qui nous ont amenés à la nécropole de Memphis à travers l'interminable bois de palmiers avaient les roues garnies de larges patins pour affronter les sables.

Et maintenant, arrivés au pied de la région effrayante, nous commençons de gravir une côte où tout à coup le trot de nos chevaux ne s'entend plus; le feutrage mouvant du sol établit autour de nous un silence soudain, comme chaque fois qu'on aborde ces déserts-là et on dirait un silence de respect qui de lui-même s'imposerait.

La vallée de la vie s'abaisse et fuit derrière

nous, achève bientôt de disparaître, cachée par une ligne de dunes — par une première volute de la « mer sans eau », pourrait-on dire, — et nous voici montés au royaume des morts où souffle un vent desséchant et presque glacé que d'en bas nous n'avions pas prévu.

On n'a pas profané encore ce désert Memphite par des hôtels et des routes à autos, comme on a déjà fait au « petit désert » du Sphinx, — dont nous apercevons du reste, aux extrêmes limites de la vue, les trois pyramides, prolongeant presque à l'infini pour nos yeux ce domaine des momies. Nous ne voyons donc personne, ni aucun indice des temps actuels, parmi ces mornes ondulations jaunes ou pâlement grises où nous semblons perdus comme dans la houle d'un océan. Un ciel sombre, tel que l'on n'imagine guère le ciel d'Égypte. Et, dans cet immense néant des sables et des pierrailles dont le cercle d'horizon se détache en plus clair sur les nuages, rien nulle part, rien que les silhouettes de ces triangles éternels : les pyramides, choses géantes qui se lèvent de place en place, au hasard, en différents points de l'étendue, celles-ci à moitié éboulées, celles-là presque intactes et gardant leur pointe vive. Aujourd'hui elles jalonnent seules cette nécropole qui a plus de deux lieues de long et qui fut couverte de temples d'une magnificence, d'une énormité inimaginables pour des esprits de nos jours. A part une, là tout près (l'aïeule fantastique des autres, celle de ce roi Zoser qui mourut il y aura bientôt cinq mille ans), à part une qui est faite de six colossales terrasses superposées, toutes ont été bâties d'après cette même conception du *triangle*, qui est à la fois la figure la plus mystérieusement simple de la géométrie et la forme la plus assise, la plus indéfiniment stable de l'architecture. Et, à présent qu'il ne reste aucune trace de leurs fresques à personnages, de leurs enduits multicolores, à présent qu'elles ont pris la même couleur morte que le désert, elles sont là comme de grands ossements, comme de grands fossiles n'ayant d'ailleurs plus de contemporains sur la terre. En dessous par exemple, c'est autre chose : en dessous demeurent encore des hommes, et même beaucoup de chats et beaucoup d'oiseaux qui, de leurs yeux, les ont vu bâtir, et qui dorment intacts, emmaillotés de bandelettes, dans l'obscurité des syringes ; *nous savons*, pour y avoir pénétré jadis, ce que cachent les entrailles de ce vieux désert sur lequel s'épaissit de siècle en siècle le linceul jaune des sables : tout le roc profond a été perforé patiemment, pour des hypogées, pour de grandes ou de petites chambres sépulcrales, ou pour de vrais palais mortuaires aux multiples figures peintes. Et, depuis deux mille ans déjà que les déterreurs s'acharnent à exhumer d'ici des sarcophages et des trésors, on n'a pas épuisé les réserves souterraines ; il y reste sans nul doute des pléiades de dormeurs non dérangés que l'on ne découvrira jamais.

A mesure que nous avançons, le vent plus fort et plus froid souffle sous un ciel plus nuageux, et le sable vole partout. Le sable est le souverain incontesté de cette nécropole; s'il ne roule point en volute énorme de mascaret, comme il donnait l'illusion de le faire lorsqu'on le regardait d'en bas, de la vallée verte, du moins il s'amasse sur toutes choses avec une persistance obstinée depuis les plus vieux âges, et il a déjà enseveli à Memphis tant de statues, de colosses, de temples et d'allées de sphinx! Il arrive sans cesse, il arrive de la Libye, du grand Sahara, qui en contiennent de quoi poudrer l'univers. Il s'harmonise bien avec ces hautes ossatures des pyramides qui forment d'immuables écueils sur son étendue toujours en mouvement, et, si l'on y songe, il donne encore plus l'effroi des éternités antérieures que ne le font toutes ces ruines égyptiennes, nées d'hier en comparaison de lui : le *Sable*, — le sable des mers primitives qui représente un travail d'émiettement d'une durée impossible à concevoir, qui témoigne d'une continuité de destruction n'ayant pour ainsi dire jamais commencé...

Voici, au milieu des solitudes, une humble maison, vieille et à moitié ensablée, où nous devons nous arrêter. Ce fut la maison de l'égyptologue Mariette, et elle abrite encore le directeur des fouilles, qui nous donnera la permission de descendre chez les Apis. La chambre blanchie à la chaux où il nous reçoit est encombrée des débris millénaires qu'il ne cesse d'exhumer. Par l'une des fenêtres ouvertes sur les désolations d'alentour plongent les rayons du soleil, qui vient d'apparaître, déjà bas, entre deux nuages, et qui est tristement jauni par les envolées du sable et par le soir.

Le maître du logis, pendant que ses bédouins vont ouvrir et illuminer pour nous les souterrains des Apis, nous montre sa dernière étonnante trouvaille, faite ce matin dans un hypogée des dynasties les plus anciennes : sur un socle, un groupe de personnages en bois, de la taille à peu près de nos marionnettes à guignol. Puisque c'était l'usage de ne mettre dans un tombeau que les figures ou les objets les plus agréables à celui qui l'habitait, sans doute il devait aimer beaucoup les danseuses, l'homme momifié auquel on avait offert ce joujou, en des temps antérieurs à toute précise chronologie. Au milieu du groupe, il est représenté lui-même dans un fauteuil, tenant sur les genoux sa danseuse favorite, et d'autres femmes devant lui esquissent un pas de leur époque, tandis que des musiciennes accroupies touchent des tambourins et des harpes étranges; toutes sont coiffées de cette longue tresse tombant sur les épaules comme la queue des Chinois, qui était la marque distinctive de ces sortes d'hétaïres. — Or, il y avait déjà trois mille ans que ces petites personnes « gardaient la pose » dans les ténèbres quand débuta l'ère chrétienne !... Pour mieux nous les montrer on apporte le groupe près de la fenêtre, dans le triste rayon qui entre ici après avoir glissé sur l'infini du désert, et qui se met à les éclairer jaune, à détailler pour nous leurs attitudes de petites poupées cocasses et effarantes, effarantes d'être si vieilles et de sortir d'une telle nuit. — Or ce déclin du soleil, qu'elles regardent ce soir avec leurs drôles d'yeux trop grands et trop ouverts, elles ne l'avaient plus vu depuis cinq mille ans !...

L'habitation des Apis, seigneurs de la nécropole, est à peine à deux cents mètres d'ici. On nous annonce que c'est éclairé chez eux et que nous pouvons nous y rendre.

Descente par un étroit couloir en pente rapide, creusé dans le sol, entre des talus de pierrailles et de sable. Tout de suite nous sommes abrités, là dedans, contre le vent si âpre qui souffle sur le désert, et même, de la porte d'ombre, béante devant nous, vient comme une haleine de four : il fait toujours sec et chaud dans les souterrains funéraires de l'Égypte, qui sont de merveilleuses étuves à momies. Le seuil franchi, c'est l'obscurité d'abord. Précédés d'une lanterne, tours et détours, marchant sur de larges dalles, rencontrant des stèles, des blocs éboulés, de gigantesques débris, dans une chaleur toujours croissante.

Enfin nous apparaît la principale artère de l'hypogée, l'artère de cent cinquante mètres de long, taillée dans le roc, où les bédouins ont préparé pour nous leur grêle illumination d'usage.

Et c'est un lieu d'aspect terrible, où vous saisit dès l'entrée le sentiment du trop lugubre, l'oppression du trop lourd, du trop écrasant, du surhumain. Les petites flammes impuissantes d'une cinquantaine de pauvres chandelles, que l'on vient de planter sur des trépieds de bois, en enfilade d'un bout à l'autre du parcours, nous montrent, à droite et à gauche de l'immense avenue, des cavernes sépulcrales carrées contenant chacune un cercueil noir, mais un cercueil comme pour un mastodonte. Ils sont carrés aussi, tous les cercueils si sombres et pareils, sortes de caisses sévèrement simples, mais faites d'un seul bloc de granit rare, aussi luisant que du marbre. Aucun ornement; il faut y regarder de près pour distinguer, sur ces parois lisses, les inscriptions hiéroglyphiques, les rangées de petits personnages, de petits hiboux, de petits chacals qui racontent en une langue perdue l'histoire des antiques humanités; ici, la signature du roi Amasis; là, celle du roi Cambyse... Quels Titans ont pu les tailler, de siècle en siècle, ces cercueils (ils ont au moins douze pieds de long sur dix de haut), et ensuite les amener sous terre (ils pèsent de soixante à soixante-dix mille kilogrammes en moyenne) et enfin les mettre en rang dans ces espèces de chambres, où ils sont là tous comme embusqués sur notre passage?... Chacun, en son temps, a contenu très à l'aise sa momie de bœuf Apis, cuirassée de plaques d'or; mais malgré leur pesanteur, malgré leur solidité à défier toute destruction, ils ont été spoliés[1] à des époques mal définies, sans doute par des soldats du roi de Perse. Rien que les avoir ouverts représente déjà un travail étonnant de patience et de force; pour certains, les voleurs ont réussi, avec des leviers, à faire glisser de quelques centimètres le formidable couvercle; pour d'autres, en s'obstinant à coups de pioche, ils ont percé dans l'épaisseur du granit un trou par lequel un homme a pu se faufiler comme un rat, comme un ver, et fourrager à tâtons autour de la momie sacrée.

Dans l'hypogée colossal, ce qui encore vous saisit le plus, c'est la rencontre que l'on y fait, au milieu du couloir de sortie, d'un autre cercueil noir resté là en travers du chemin comme pour le barrer. Il est aussi monstrueux et aussi simple que les autres, ses aînés, qui, plusieurs siècles avant sa venue, avaient commencé de s'aligner le long de la grande voie droite, à mesure que mou-

1. L'un pourtant était resté intact dans sa caverne murée, nous conservant ainsi le seul Apis qui soit venu jusqu'à nos jours. Et on se rappelle l'émotion de Mariette lorsque en entrant là il vit par terre sur le sable l'empreinte des pieds nus du dernier Égyptien qui en était sorti trente-sept siècles auparavant.

raient les taureaux déifiés; mais il n'est jamais arrivé jusqu'à sa place, lui, et n'a jamais reçu sa momie. Il a été le *dernier*. Pendant la période où on le roulait avec lenteur, à grand renfort de muscles tendus et de cris haletants, vers sa chambre quasi éternelle, d'autres dieux étaient nés et le culte des Apis avait pris fin, — là tout à coup, ainsi qu'il peut arriver pour les religions ou les institutions des hommes, même les plus solidement enracinées dans leurs âmes et dans leur passé ancestral... C'est peut-être cela, du reste, qui est la plus terrifiante de toutes nos notions positives : savoir qu'il y aura un *dernier* de tout; non seulement un dernier temple, un dernier prêtre, mais aussi une dernière naissance d'enfant humain, un dernier lever de soleil, un dernier jour...

Dans ces catacombes si chaudes, nous avions oublié le vent froid qui soufflait dehors, et perdu de vue la physionomie du désert Memphite, les aspects d'horreur qui nous attendaient là-haut. Déjà sinistre sous le ciel bleu, ce désert vraiment devient intolérable à regarder si par hasard le ciel y est sombre à l'heure où le jour s'en va. Quand nous le retrouvons, au sortir de l'obscurité souterraine, tout commence à bleuir pour la nuit dans son immensité morte. Sur la crête des dunes, dont le jaune a beaucoup blêmi pendant que nous étions en bas, le vent s'amuse à soulever des tourbillons de sable qui imitent les embruns d'une mer mauvaise. De tous côtés traînent les nuages obscurs, les mêmes qu'au moment de notre descente. L'horizon continue de s'y détacher en clair, et de plus vers l'est on dirait qu'il *penche;* une des plus hautes vagues de la « mer sans eau », un amoncellement de sable dont les contours flous trompent sur la distance, le fait paraître incliné, cet horizon-là et c'est presque à donner le vertige. Quant au soleil, il a voulu rester en scène pour quelques secondes, maintenu après l'heure par le mirage, mais si changé derrière d'épais voiles que l'on préférerait qu'il n'y fût pas ; couleur de braise qui s'éteint, il semble beaucoup trop près et trop gros ; il n'éclaire plus rien, il n'est qu'un globe tristement rose qui se déforme et s'ovalise ; non plus dans l'espace, mais échoué là-bas sur le bord extrême du désert, il regarde les choses comme un grand œil terne qui va se fermer dans la mort. Et les mystérieux triangles surhumains, ils sont là aussi, bien entendu, qui nous guettaient à notre sortie de dessous terre, les uns près, les autres loin, toujours postés à leurs mêmes places d'éternité ; mais certainement ils viennent encore de grandir, dans le crépuscule de plus en plus bleuissant....

Un tel soir, en un tel lieu, on dirait le *dernier* soir.

VII

BANLIEUES DU CAIRE, LA NUIT

La nuit. Une longue rue droite, artère de quelque capitale, où notre voiture file au grand trot, avec un fracas assourdissant sur des pavés. Lumière électrique partout. Magasins qui se ferment; il doit être tard.

C'est une rue levantine: encore un peu arabe; n'aurions-nous même pas la notion certaine du lieu, que nous percevrions cela comme au vol, dans notre course très bruyante : les gens portent la longue robe et le tarbouch; quelques maisons, au-dessus de leurs boutiques à l'européenne, nous montrent au passage des moucharabiehs. Mais cette électricité aveuglante fausse la note; au fond, sommes-nous bien sûrs d'être en Orient?

La rue finit, béante sur des ténèbres. Tout à coup, là, sans crier gare, elle aboutit à du vide où l'on n'y voit plus, et nous roulons sur un sol mou, feutré, qui brusquement fait cesser tout bruit. — Ah! oui, le *désert!*... Non pas un terrain vague quelconque, comme dans des banlieues de chez nous; non pas une de nos solitudes d'Europe, mais le seuil des grandes désolations d'Arabie : le *désert*, et, même si nous n'avions point su qu'il nous guettait là, nous l'aurions reconnu à un je ne sais quoi d'âpre et de spécial qui, malgré l'obscurité, ne trompe pas.

Mais d'ailleurs, non, la nuit n'est pas si noire. Il nous l'avait semblé, au premier instant, par contraste avec l'allumage brutal de la rue.

Au contraire, elle est transparente et bleue, la nuit; une demi-lune, là-haut, dans le ciel voilé d'un brouillard diaphane, éclaire discrètement, et, comme c'est une lune égyptienne plus subtile que la nôtre, elle laisse aux choses un peu de leur couleur; nous pouvons maintenant le reconnaître avec nos yeux, ce désert qui vient de s'ouvrir et de nous imposer son silence. Donc saluons la pâleur de ses sables et le brun fauve de ses rochers morts. Vraiment il n'y a d'autre pays que l'Égypte, pour de si rapides surprises : au sortir d'une rue bordée de magasins et d'étalages, sans transition, trouver cela!...

Nos chevaux, inévitablement, ont ralenti l'allure, à cause de ce terrain où les roues s'enfoncent. Encore autour de nous quelques rôdeurs, qui prennent aussitôt des airs de revenants, avec leurs longues draperies blanches ou noires, et leur marche qui ne s'entend pas. Et puis, plus personne, fini; rien que les sables et la lune.

Mais voici presque tout de suite, après le court intermède de néant, une ville nouvelle où nous nous engageons, des rues aux maisonnettes basses, des petits carrefours, des petites places; le tout, blanc sur les sables blanchâtres et sous la lune blanche... Oh! pas d'électricité, par exemple, dans cette ville-là, pas de lumières et pas de promeneurs; portes et fenêtres sont closes; nulle part rien ne bouge, et le silence est, de premier abord, pareil à celui du désert alentour. Ville où le demi-éclairage lunaire, parmi tant de vagues blancheurs, se diffuse tellement qu'il a l'air de venir de partout à la fois, et que les choses ne projettent plus, les unes sur les autres, aucune ombre qui les précise. Ville au sol trop ouaté, où la marche est amollie et retardée, comme dans les rêves. Elle n'a pas l'air véritable; à y pénétrer plus avant, une timidité vous vient, que l'on ne peut ni chasser ni définir.

Pour sûr, on n'est pas ici dans une ville ordinaire... Ces maisons cependant, avec leurs fenêtres grillagées comme celles des harems, n'ont rien de particulier, — rien qué d'être closes, et d'être muettes... C'est toute cette blancheur probablement qui vous glace... Et puis, en vérité, ce silence, non, il n'est plus comme celui du désert, qui au moins paraissait un silence naturel puisque là il n'y avait rien; ici, par contre, on prend comme la notion de présences innombrables, qui se figeraient quand on passe, mais continueraient d'épier attentivement... Nous rencontrons des mosquées, qui n'ont point de lumières, et sont, elles aussi, muettes et blanches, avec un peu de bleuâtre que leur jette la lune; entre les maisonnettes, il y a parfois des enclos, comme seraient d'étroits jardins sans verdure possible, et où quantité de petites stèles se lèvent de compagnie dans le sable, stèles blanches, il va sans dire, puisque nous sommes ici, cette nuit, dans le royaume absolu du blanc... Qu'est-ce que ça peut être, ces jardinets-là?... Et le sable, qui en couches épaisses envahit les rues, continue de mettre une sourdine à notre marche, sans doute pour complaire à toutes ces choses attentives qui autour de nous ne font aucun bruit.

Aux carrefours maintenant et sur les places les stèles se multiplient, toujours érigées par paires, aux deux extrémités d'une dalle qui est de longueur humaine. Leurs groupes immobiles, postés comme au guet, paraissent si peu réels, dans leur imprécision blanche, qu'on voudrait les vérifier en touchant, — et du reste on ne s'étonnerait pas trop que la main passât au travers comme il arrive pour les fantômes. Et enfin voici une vaste étendue sans maisons, où elles foisonnent sur le sable comme les épis d'un champ, ces stèles obsédantes; il n'y a plus à s'illusionner : ça, c'est un cimetière — et nous venons de passer au milieu de maisons de morts, de mosquées de morts, dans une ville de morts !...

Plus loin, une fois franchi ce cimetière-là, qui au moins s'indiquait sans équivoque, nous retrouvons la suite de la ville ambiguë, elle nous reprend dans ses réseaux : maisonnettes comme celles d'ailleurs, mais ayant, en guise de jardinets, leurs petits enclos pour sépultures, — tout cela plus que jamais indécis, sous cette lumière si douce, qui par degrés se voile davantage, comme si l'on avait mis à la lune des globes dépolis, qui bientôt ne serait même plus de la lumière, sans les transparences de l'air d'Egypte et sans la blancheur générale des choses. Une fois, à une fenêtre, paraît une lueur de lampe, et c'est quelque veillée de fossoyeurs. Une autre fois, nous entendons en passant des voix d'hommes chanter une prière, et c'est la prière pour les défunts.

Ces maisons vides, on ne les a point bâties pour les habiter, mais seulement pour s'y assembler à certains jours de souvenir; chaque famille musulmane un peu notable possède ainsi son pied-à-terre, tout près de ses morts, afin de venir là prier pour eux. Or, il y en a tant et tant que cela finit par faire une ville, — et une ville dans le désert, c'est-à-dire dans un lieu inutilisable pour tout autre usage, dans un lieu sûr, où l'on sait bien que jamais, même quand surgiront les temps impies de l'avenir, la place des pauvres tombes ne risquera pas d'être convoitée. — Non, c'est de l'autre côté du Caire, sur l'autre rive du Nil, parmi la verdure des palmiers, qu'est la banlieue en voie de transformation, avec les villas des étrangers envahisseurs et les flots d'électricité épandus sur leurs routes à autos. De ce côté-ci, rien à craindre, paix et désuétude éternelles, et le linceul des sables arabiques toujours prêt à s'avancer pour ensevelir.

Au sortir de la ville des morts, le désert s'ouvre de nouveau devant nous, le morne déploiement blanchâtre, qui ferait songer à un steppe sous la neige, par une nuit comme celle-ci, quand le vent souffle froid et quand la lune embrumée se met à ressembler à une triste opale.

Mais c'est un désert planté de ruines, planté de spectres de mosquées : toute une peuplade de grands dômes croulants y est disséminée au hasard et à l'abandon, sur l'étendue inconsistante des sables. Oh! de si étranges dômes, d'une forme si vieille! L'archaïsme de leurs silhouettes frappe dès l'abord, autant que leur isolement dans un tel lieu; ils ressemblent à des cloches, ou à de gigantesques bonnets de derviche posés sur des estrades, et les plus lointains donnent l'impression de personnages trapus, à grosse tête, en sentinelle avancée, surveillant là-bas le vague horizon d'Arabie.

Ce sont d'orgueilleux tombeaux du quatorzième et du quinzième siècle, où dorment dans un délaissement suprême ces sultans mameluks qui opprimèrent l'Égypte pendant près de trois cents ans. De nos jours, il est vrai, quelques visites recommencent à leur venir, par les nuits de pleine lune d'hiver, alors qu'ils dessinent, bien nettes sur les sables, leurs grandes ombres ; par ces éclairages-là, jugés favorables, ils sont au rang des curiosités qu'exploitent les agences, et nombre de touristes (qui s'obstinent à les appeler les « tombeaux des khalifes ») s'y rendent le soir, en bruyante caravane, sur des bourricots. Mais, cette fois, la lune est trop incertaine et pâle ; sans doute nous serons seuls à les troubler dans leur mystérieux concert.

La lumière de cette nuit est vraiment inusitée ; comme tout à l'heure dans la ville des morts, elle est partout diffuse et donne, même aux choses les plus massives, des transparences d'irréalité ; mais aussi elle les détaille, et leur laisse un peu des nuances du plein jour. Ainsi, tous ces dômes funéraires, sur toutes ces ruines de mosquées qui leur servent de piédestal, ont gardé leurs tons fauves ou bruns : tandis qu'ils restent blêmes, les sables qui les séparent, les sables souverains qui font entre les demeures de ces différents sultans de petites solitudes mortes, et sur lesquels notre voiture, toujours sans bruit, trace de légers sillons que le vent effacera demain. Point de routes ici ; elles seraient d'ailleurs inutiles autant qu'infaisables ; on passe où l'on a envie de passer ; on peut se croire très loin de tout lieu habité par les vivants, et c'est à peine si la grande ville, que l'on sait cependant proche, laisse voir de temps à autre sur l'horizon, au gré des ondulations molles du terrain, comme une phosphorescence, un reflet de ses milliers de lampes électriques. On est bien dans le désert des morts, en la seule société de la lune, qui, par la fantaisie de l'étonnant ciel d'Égypte, est ce soir une lune gris perle, on dirait presque une lune de nacre.

Chacune de ces mosquées funéraires se révèle magnifique, si l'on va de près la regarder dans sa solitude. Ces étranges dômes surélevés, qui de loin imitent des coiffures de derviches ou de mages, sont tout brodés d'arabesques, et des trèfles aux dentelures exquises couronnent toutes les murailles.

Personne cependant ne les vénère ni ne les entretient, les tombeaux des oppresseurs mameluks ; là dedans, plus jamais de chants, ni de cris vers Allah ; chaque nuit, un infini de silence. La piété se borne à ne pas les détruire, les laissant aux prises avec les siècles, avec le soleil, avec le vent d'ici qui dessèche et émiette. Et l'écroulement est commencé de toutes parts. Des coupoles qui ont chancelé nous montrent d'irréparables lézardes ; des moitiés d'arceaux brisés se profilent ce soir en ombre sur la lueur nacrée du ciel, et des éboulis de pierres sculptées jonchent les entours. Mais comme ils savent encore jeter le vague effroi, ces tombeaux presque maudits ! — surtout ceux des lointains, qui se dressent en silhouettes de géants difformes à trop grands bonnets, sombres sur la nappe claire des sables, et qui se tiennent groupés, ou épars comme en déroute, à cette entrée des si profondes régions vides...

*
**

Nous avions choisi un temps d'éclairage douteux, pour ne point rencontrer de touristes. Mais comme nous approchions de la grande demeure mortuaire du sultan Barkouk l'assassin, nous en voyons sortir toute une bande, une vingtaine à la file, qui émergent de la pénombre des murs abandonnés, — chacun trottinant sur son petit âne, et chacun suivi de l'inévitable ânier bédouin qui tapote avec un bâton la croupe de la bête. Ils rentrent au Caire, leur tournée finie, et échangent à haute voix, d'un bourricot à un autre, des impressions plutôt ineptes, en différentes langues occidentales... Tiens ! Il y a même dans la troupe la presque traditionnelle dame attardée, qui, pour des motifs d'ordre privé, ne suit qu'à bonne distance ; elle est un peu mûre celle-ci, autant que la lune permet d'en juger, mais encore sympathique à son ânier, qui, des

7

deux mains, la soutient par derrière sur sa selle, avec une sollicitude touchante et localisée... Oh! ces petits ânes d'Égypte, si observateurs, si philosophes et narquois, que ne peuvent-ils écrire leurs mémoires! Tant et tant de drôles de choses ils ont vues, dans les banlieues du Caire, la nuit!

Cette dame évidemment appartient à la catégorie si répandue des hardies exploratrices qui, malgré une haute *repectability at home*, ne craignent pas, une fois lancées sur les rives du Nil de compléter leur cure de soleil et de vent sec par un peu de « bédouinothérapie ».

VIII

CHRÉTIENS ARCHAÏQUES

A peine éclairé aux flammes de quelques pauvres cierges minces qui tremblotent contre les murailles dans des niches de pierre, un grouillement compact de formes humaines voilées de noir, en un lieu écrasé, étouffant — quelque souterrain sans doute — qu'emplit l'odeur de l'encens d'Arabie. Et un vacarme de presque méchante allure qui inquiète : plaintes de nouveau-nés, cris de détresse de tout petits enfants dont les voix sont couvertes comme à dessein par un cliquetis de cymbales...

Qu'est-ce que c'est que ça? Pourquoi les avoir descendus dans ce trou sombre, ces petits qui hurlent au milieu de la fumée, tenus par ces fantômes en deuil? En entrant, si l'on n'était prévenu, ne dirait-on pas un repaire de mauvaise sorcellerie, un souterrain pour messe noire?

Non. C'est la crypte de la basilique de Saint-Sergius pendant la messe copte d'un matin de Pâques! — En effet, après la surprise d'arrivée, si l'on regarde ces fantômes, ce sont pour la plupart de jeunes mères au fin et doux visage de madone, qui tiennent tendrement dans leurs voiles les bébés pleureurs et s'efforcent de les consoler. Quant au sorcier qui joue des cymbales, c'est un bon vieux prêtre, ou sacristain, qui sourit paternellement; s'il fait tout ce tapage, sur un rythme d'ailleurs très gai, c'est pour bien marquer la joie pascale, fêter la résurrection du Christ, — un peu aussi pour distraire ces petits, car il y en a qui se désolent vraiment trop. Ils ont peur, ces innocents, de l'obscurité, des parfums qui fument; mais les mamans ne prolongent pas l'épreuve : le temps seulement d'une apparition dans ce lieu vénérable, qui leur portera bonheur, pendant que la messe se dit à l'église au-dessus, et on les emmène, — et on en apporte d'autres, par l'étroit escalier obscur où l'on se cogne la tête aux pierres de voûte; la crypte ne désemplit pas.

Mais que de monde, que de voiles noirs dans ce réduit où l'air est irrespirable, et où vous assourdit cette barbare musique mêlée de ces vagissements et de ces cris! Et quels aspects de vétusté extrême ont ici les choses! Les murs frustes, la voûte si basse que l'on pourrait la toucher, les quelques piliers de granit qui soutiennent les arceaux informes, tout cela est crassé par la fumée des cires, et patiné, rongé par le frottement des mains humaines.

Au fond de la crypte il y a le recoin très sacré, devant lequel on se presse : une niche grossière, un peu plus grande que celles creusées dans le mur pour recevoir les cierges, une niche qui recouvre l'antique dalle où, d'après la tradition, la vierge Marie se serait assise avec l'enfant Jésus, lors de la fuite en Égypte. Oh! elle est bien usée aujourd'hui, cette sainte dalle, bien luisante, pour avoir subi tant de pieux attouchements, et la croix byzantine qui y fut gravée jadis achève de s'effacer.

Si la Vierge ne s'est point assise là, l'humble crypte de Saint-Sergius n'en demeure pas moins l'un des sanctuaires chrétiens les plus vieux du monde. Et ces Coptes, qui s'y assemblent encore avec vénération, ont précédé de beaucoup d'années la plupart de nos races occidentales dans la religion évangélique.

Bien que l'histoire de l'Égypte s'enveloppe tout à coup d'une sorte de nuit au moment de l'apparition du christianisme, on sait que l'essor de la foi nouvelle y fut rapide et impétueux, comme la germination des plantes sous la crue du Nil. Les vieux cultes pharaoniques, amalgamés en ce temps-là avec ceux de la Grèce, s'obscurcissaient tellement sous l'amas des rites et des formules qu'ils n'avaient plus de sens. Et pourtant, ici comme dans la Rome impériale, couvaient les ferments d'un mysticisme passionné. D'ailleurs ce peuple égyptien était plus qu'aucun autre hanté par la terreur de la mort, ainsi que le prouve sa folie des embaumements; il devait donc avec avidité recevoir la Parole de fraternel amour et d'immédiate résurrection.

En tout cas, le christianisme s'implanta si fortement dans cette Egypte que les siècles de persécution n'arrivèrent pas à le détruire; lorsqu'on remonte le vieux fleuve, on voit plusieurs de ces petits groupements humains, aux maisons de boue séchée, où le dôme blanchi de la modeste maison de prière est surmonté d'une croix et non d'un croissant : villages de ces Coptes, de ces Egyptiens qui de père en fils ont gardé la foi chrétienne depuis les temps nébuleux des premiers martyrs.

*
* *

La naïve église de Saint-Sergius est une relique très cachée, presque enfouie au milieu d'un dédale de ruines; sans un guide, rien n'est plus difficile que de s'orienter pour la découvrir. Le quartier qui la contient s'enferme dans les murs de ce qui fut jadis une citadelle romaine, et cette citadelle à son tour s'enveloppe des tranquilles désuétudes du « Vieux-Caire », — qui est au Caire des mameluks et des khédives un peu ce que Versailles est à Paris.

Ce matin de Pâques, partis en voiture du Caire actuel pour nous rendre à cette messe, nous avons à traverser d'abord une banlieue en voie de transformation, où du sol antique vont bientôt sortir quantité de ces modernes horreurs en fonte et torchis, usines ou grands hôtels, qui pullulent dans ce pauvre pays avec une stupéfiante vitesse. Puis viennent un ou deux kilomètres de terrains vagues, mêlés à des sables et déjà presque un peu désertiques. Puis enfin les murs du Vieux-Caire, après lesquels commence la paix des maisonnettes à l'abandon, des jardinets et des vergers parmi des ruines. Le vent et la poussière font rage contre nous pendant toute la route, le presque éternel vent et l'éternelle poussière d'ici, par lesquels, depuis le commencement des âges, tant d'yeux humains ont été brûlés sans recours ; ils nous maintiennent dans d'aveuglants tourbillons où foisonnent des mouches. La « saison » du reste est déjà finie, les étrangers envahisseurs ont fui jusqu'au prochain automne, et l'Égypte se retrouve plus égyptienne, sous un ciel plus ardent. Ce soleil d'un dimanche de Pâques chauffe comme notre soleil de juillet, et on dirait que la terre va mourir de sécheresse. Mais c'est toujours ainsi, le printemps de ce pays sans pluie ; les arbres, qui avaient gardé leurs feuilles pendant l'hiver, se dépouillent en avril comme chez nous en novembre; plus d'ombre nulle part et tout souffre, tout jaunit sur les sables jaunes. — Il n'y a pas à s'inquiéter cependant, car l'inondation va venir, immanquable depuis que notre période géologique a commencé d'être; encore quelques semaines et le prodigieux fleuve, comme au temps du dieu Amon, va épandre le long de ses rives une vie hâtive et fougueuse. — En attendant, les orangers, les jasmins, les chèvrefeuilles, ceux que les hommes prennent soin d'arroser d'eau du Nil, ont follement fleuri; lorsque nous passons devant les jardins du Vieux-Caire, qui alternent avec les maisons croulantes, ce continuel nuage de poussière blanche où nous étouffons s'emplit tout à coup de leur suave odeur; malgré cette sécheresse, malgré cet effeuillement des arbres, les parfums d'un renouveau brusque et enfiévré sont déjà dans l'air.

Arrivés aux murailles de ce qui fut la citadelle romaine, il faut descendre de voiture, franchir une porte basse et pénétrer à pied dans le labyrinthe d'un quartier copte qui se meurt de poussière et de vétusté. Maisons délaissées, servant de refuge à des miséreux; moucharabiehs qui tombent de vermoulure; ruelles en souricière, qui parfois nous font passer sous quelque arceau du moyen âge, ou bien qui se referment au-dessus de nos têtes par la fantaisie des vieilles masures penchées... Et c'est cela, le chemin qui conduit à une basilique fameuse? Nous croirions nous être égarés, n'étaient ces groupes de Coptes en tenue du dimanche qui se rendent comme nous à la messe pascale à travers les ruines.

Et qu'il y en a de jolies, de ces femmes drapées en fantômes dans des soies noires! Leur long voile ne les cache point comme celui des musulmanes; il est seulement posé sur leurs cheveux et découvre leur fin visage, leur collier d'or, leurs bras un peu nus qui portent au poignet de grosses torsades en or vierge. Pures Egyptiennes, elles ont gardé ce même profil délicat et ces mêmes yeux si allongés qu'avaient les déesses de jadis inscrites en bas-relief sur les murs pharaoniques. Mais déjà quelques-unes, hélas! parmi les jeunes, ont renié le traditionnel costume pour s'habiller *à la franque*, porter robe et chapeau. — Et quelles robes! quels chapeaux, quelles fleurs, dont ne voudraient plus les paysannes de nos derniers villages! — Hélas! hélas! ces pauvres petites, qui pourraient être adorables, comment les avertir que les beaux plis des voiles noirs leur laisseraient une exquise distinction de race, tandis qu'elles font pitié sous leurs oripeaux qui rappellent la mi-carême?...

Dans l'un quelconque de ces vieux murs qui depuis un instant nous enserrent, voici la percée d'une porte basse et comme craintive : cela, l'entrée de la basilique? Non, c'est invraisemblable !... Pourtant quelques-unes de ces jolies créatures, aux voiles noirs et aux bracelets d'or, qui nous précédaient viennent de s'y engouffrer, et déjà le parfum des encensoirs flotte pour nous avertir. Une sorte de corridor, étonnant de pauvreté et de vieillesse, se contourne avec des airs de méfiance, puis nous mène à une cour étroite, qui a bien mille ans, et où des loqueteux, assis sur des banquettes à l'orientale, réclament nos aumônes. L'odeur de l'encens d'Arabie s'accentue, et une dernière porte, au fond de ce réduit, cachée en pleine ombre, nous donne accès enfin dans la vénérable église.

L'église! Elle tient de la basilique byzantine, de la mosquée et du gourbi de désert. En entrant on a l'impression d'être initié d'une façon soudaine à l'enfance naïve du christianisme, de le surprendre, si l'on peut dire, dans son berceau — qui fut en réalité tout oriental. La triple nef est pleine de petits enfants (c'est aussi là ce qui frappe dès l'abord), de tout petits enfants qui pleurent ou qui rient et s'amusent, et beaucoup de mères allaitent leurs nouveau-nés — pendant l'invisible messe, qui doit se célébrer là-bas, derrière l'*iconostase*. Par terre, des nattes, où des familles sont assises en cercle et semblent chez elles. Sur les murailles frustes et déjetées, une épaisseur de chaux blanche attestant des années sans nombre. Et au-dessus de tout cela un étrange vieux plafond en bois de cèdre, avec de grosses poutres barbares.

Dans cette nef que soutiennent des colonnes de marbre enlevées jadis à des temples païens, il y a, comme dans toutes les antiques églises coptes, de hautes boiseries transversales, minutieusement travaillées à la façon arabe, la divisant en trois sections : la première, par où l'on arrive, est celle ou doivent s'asseoir les femmes; la seconde est pour le baptistère; la troisième, plus au fond et confinant à l'*iconostase*, appartient aux hommes.

Elles portent presque toutes les longs voiles de soie noire d'autrefois, ces femmes qui encombrent ce matin, si familièrement et avec tant de petits nourrissons, la zone à elles réservée; dans leurs groupes harmonieux et sans cesse mouvementés, les robes *à la franque*, les pauvres chapeaux de mardi gras sont encore l'exception; l'ensemble conserve, à peu près intactes, sa grâce d'archaïsme et sa candeur.

Plus loin, on s'agite aussi beaucoup, dans le compartiment des hommes, limité au fond par l'*iconostase* (un mur millénaire que décorent des marqueteries en cèdre et en ivoire d'un précieux travail ancien, et où sont accrochées d'étranges vieilles icones noircies par les ans). C'est derrière ce mur, percé de portes, que se dit la messe. On entend vaguement chanter, dans l'ultime sanctuaire qui est là, fermé au peuple; de temps à autre, un prêtre fait mine d'en sortir, en soulevant une portière de soie fanée, et sur le seuil esquisse un geste bénisseur ; il a une robe d'or, une couronne d'or, mais d'humbles fidèles lui parlent librement et touchent même ses beaux atours de roi mage ; il sourit, et puis, laissant retomber la draperie qui masque l'entrée du tabernacle, il redisparaît dans son innocent mystère.

Combien ici les moindres choses disent la décrépitude ! Les dalles sont dénivelées par le tassement du sol, usées par les pas de quelques milliers de générations mortes. Tout est de travers, penché, poussiéreux et finissant. Le jour tombe d'en haut par d'étroites fenêtres grillagées. On manque d'air, on étouffe un peu ; mais, bien que le soleil ne pénètre point, je ne sais quelle réverbération indécise de la chaux sur les murs vient vous rappeler qu'au dehors il y a un printemps oriental qui resplendit et brûle.

Dans cette église, aïeule des églises, au milieu du nuage de fumée odorante, ce que l'on entend, plus encore que le chant de la messe, c'est le va-et-vient, la pieuse agitation des fidèles ; et plus encore, c'est l'étonnant tapage qui se fait en dessous et qui monte par le trou de la sainte crypte : l'alerte batterie de cymbales, et tous ces vagissements, comme des plaintes de jeunes chats...

Mais loin de moi les pensées d'ironie, oh ! non. Si, dans notre Occident, certains offices me semblent antichrétiens — comme, par exemple, en la trop fastueuse cathédrale de Cologne, une de ces messes à grand spectacle où des hallebardiers maintiennent la foule avec morgue, — ici, par contre, elle est tellement touchante et respectable, la bonhomie de ce culte primitif! Ces Coptes, qui s'installent dans leur église comme chez eux, qui en font leur maison et l'encombrent de leurs bébés pleureurs, ont, à leur manière, bien entendu la parole de Celui qui a dit : « Laissez venir à moi les petits enfants et ne les empêchez point, car le royaume des cieux est à ceux qui leur ressemblent. »

IX

LA RACE DE BRONZE

Un chant monotone sur trois notes, qui doit dater des premiers pharaons, de nos jours se chante encore aux rives du Nil, depuis le Delta jusqu'à la Nubie; des hommes demi-nus, au torse de bronze, en commençant leur éternel travail, l'entonnent dès le matin, de proche en proche, avec des voix pareilles, et le continuent jusqu'au repos du soir.

Tous ceux qui ont vécu en dahabieh sur l'antique fleuve le connaissent bien, ce chant de l'arrosage, que toujours les mêmes grincements de bois mouillé accompagnent en cadence lente.

C'est la mélopée du « châdouf ». Et le châdouf est un primitif agrès, resté immuable depuis des temps qui ne se comptent plus; il se compose d'une longue antenne, comme une vergue de tartane, qui s'appuie en bascule sur une traverse et porte à sa pointe un seau en bois; un homme, avec de beaux gestes, fait jouer cela en chantant, abaisse l'antenne, puise l'eau dans le fleuve et remonte le seau rempli, — qu'un autre homme attrape au vol pour le déverser plus haut, dans un bassin creusé à même la terre des berges. Quand le fleuve est bas, il y a trois bassins superposés, comme seraient trois étapes pour la montée de l'eau précieuse jusqu'aux champs de blé ou de luzerne, et alors trois châdoufs les uns au-dessus des autres grincent ensemble, inclinant et relevant au rythme de la même chanson leurs grandes cornes de scarabée.

Tout le long, tout le long du Nil, se propage ce mouvement des antennes du châdouf, qui a commencé dans les plus vieux âges et qui est l'une des manifestations essentielles de la vie humaine sur ces bords; il ne fait trêve que l'été, quand le fleuve, grossi par les pluies de l'Afrique équatoriale, vient inonder cette terre d'Egypte qu'il a créée lui-même au milieu des sables sahariens. Mais il bat son plein pendant nos mois d'hiver, qui sont là-bas une période de lumineuse sécheresse, sous un ciel inaltérablement bleu; en cette saison-là, tous les jours, depuis l'aube jusqu'à la prière du soir, les hommes sont à l'arrosage, transformés en machines inlassables, dont les muscles jouent comme des lames de métal; le geste ne change jamais, non plus que la chanson, et sans doute l'esprit doit s'abstraire de l'automatique travail, pour se perdre en quelque rêve, voisin de celui que faisaient les ancêtres, attelés aux mêmes agrès il y a quatre ou cinq mille ans. Les torses, inondés à chaque montée du seau qui déborde, ruissellent constamment d'eau froide; quelquefois le vent est glacé en même temps que le soleil brûle; mais, puisqu'ils sont en bronze, ces perpétuels travailleurs de plein air, rien n'a prise sur leur corps endurci.

Ces hommes sont les fellahs, les paysans de la vallée du Nil, les purs Égyptiens dont le type n'a pas changé au cours des siècles : dans les plus antiques bas-reliefs de Thèbes ou de Memphis, on les retrouve tels, avec leur profil noble aux lèvres un peu épaisses, leurs yeux allongés aux paupières lourdes, leur taille mince et leurs épaules larges.

Leurs femmes, qui de temps à autre descendent au fleuve, près d'eux, pour puiser aussi, mais dans des vases d'argile qu'elles emportent — (toujours le puisage, le charroi de l'eau nourricière : occupation primordiale, dans cette Égypte sans pluie ni source vive, qui n'existe que par son fleuve), — leurs femmes, les fellahines, marchent ou se posent avec une grâce inimitable, drapées de voiles noirs, que même les plus pauvres laissent traîner sur la poussière ou le sable, à la façon des robes de cour. En ce pays de la clarté et des lointains roses, elles sont étranges, toutes si sombrement vêtues, taches de deuil parmi les champs ou le désert illuminés en fête; très machinales créatures, à qui l'on n'a d'ailleurs rien appris, elles possèdent par instinct, comme sans doute jadis les filles de l'Hellade, le sens de la noblesse dans l'attitude; aucune de nos femmes ne saurait, avec une si majestueuse harmonie, s'habiller de grossières étoffes noires, ni surtout lever des bras nus pour poser sur la tête la lourde jarre emplie d'eau du Nil, et s'en aller ensuite, fière et cambrée, ondulant malgré la charge. Les tuniques de mousseline dont elles sont vêtues restent invariablement noires comme les voiles, à peine rehaussées de quelques lisérés rouges ou de quelques paillettes d'argent; rien ne les ferme sur la poitrine et, par une étroite fente qui descend jusqu'à la ceinture, elles laissent voir la chair ambrée, la naissance médiane des seins couleur de bronze pâle, qui sont, au moins pendant l'éphémère jeunesse, d'un contour impeccable. Les visages, il est vrai — lorsqu'on n'a pas eu le temps de vous les cacher en ramenant un pli du voile, — le plus souvent vous désenchantent, parce que des travaux rudes, des maternités hâtives, des allaitements les ont déjà flétris; mais si l'on a la chance d'apercevoir une jeune femme, c'est en général une apparition de beauté, à la fois vigoureuse et fine.

Quant aux bébés fellahs, toujours nombreux et

qui suivent demi-nus les mamans ou les grandes sœurs, ils auraient pour la plupart d'adorables figures, avec leurs yeux naïfs de cabri, sans la malpropreté qui est, en ce pays, une chose presque voulue par la tradition ancestrale; au bord de leurs paupières, de leurs lèvres humides, restent collées en grappes ces mouches d'Egypte, que l'on considère ici comme bienfaisantes aux enfants, et qu'ils n'ont même plus l'idée de chasser, tant ils sont héréditairement résignés à les subir, — avec la même passivité du reste que montrent leurs pères vis-à-vis des étrangers envahisseurs.

La passivité, la douce endurance semblent les caractéristiques de cette race inoffensive, élégante d'allure sous ses haillons, mystérieuse dans son immobilité millénaire, et capable d'accepter avec la même indifférence tous les jougs qui passent. Pauvre belle race aux muscles infatigables, où les hommes, qui remuèrent jadis les grandes pierres des temples, ne connaissaient point de fardeaux trop lourds; où les femmes, avec leurs bras graciles pâlement basanés, avec leurs mains toutes petites, dépassent de beaucoup en force nos plus massives paysannes. Pauvre belle race de bronze! Sans doute elle fut trop précoce et donna trop jeune son étonnante fleur, en des temps où, sur la terre, les autres humanités végétaient obscurément encore; sans doute sa résignation présente lui est venue comme une lassitude, après tant de siècles d'effort et d'expansive puissance. Elle détenait jadis la lumière du monde, et la voici tombée depuis plus de deux mille ans à cette sorte de sommeil fatigué, qui a rendu la tâche facile aux conquérants d'autrefois comme aux exploiteurs d'aujourd'hui...

Un autre trait qui, à côté de la patience, domine chez ces purs Égyptiens de la campagne, est leur attachement à la terre, à la terre qui nourrit et dans laquelle plus tard on va dormir. Posséder de la terre, en accaparer à tout prix les moindres morceaux, en conquérir des bribes sur le désert mouvant, tel est le seul but, ou à peu près, que les fellahs poursuivent en ce monde; posséder un champ, si petit soit-il, — un champ qu'on laboure du reste avec la charrue la plus anciennement inventée par l'homme, celle dont le dessin exact se retrouve inscrit aux murs des tombeaux de Memphis.

Et ce même peuple, qui fut le premier de tous à concevoir la magnificence, qui eut jadis des dieux et des rois entourés d'une écrasante splendeur, peut vivre aujourd'hui pêle-mêle avec ses moutons, ses chèvres, dans d'humbles et basses cabanes faites de boue durcie au soleil! Au milieu de ces villages d'Égypte, qui ont tous la couleur neutre du sol, c'est à peine si un peu de chaux blanche vient égayer le minaret ou la coupole de la mosquée; en dehors de ce petit refuge où l'on prie gravement chaque soir — car nul ici ne s'endormirait sans s'être prosterné devant la majesté d'Allah, — tout est en mornes grisailles ; les gens aussi ont des costumes de couleur terne, d'apparence presque miséreuse. Et c'est comme de l'Orient qui se serait appauvri et éteint, sous un ciel pourtant resté merveilleux.

Mais tant de grandeur passée laisse encore aux fellahs son empreinte : un affinement d'aspect et de manières bien inconnu chez la plupart des bonnes gens de nos villages. Et ceux d'entre eux qui par hasard arrivent à la fortune ont tout de suite la distinction, savent de naissance pratiquer l'hospitalité comme des seigneurs.

Même l'hospitalité des plus humbles garde en ce pays quelque chose de courtois et d'aisé qui sent la *race*. Je me souviens de ces limpides soirs où j'arrêtais ma dahabieh contre la berge du fleuve, après la navigation paisible du jour. (Je parle de ces recoins perdus, non gangrenés encore par le tourisme, que je choisissais d'habitude.) Au crépuscule, à l'heure où des étoiles s'allumaient dans le ciel d'or vert, dès que j'avais mis le pied sur la rive, signalé par les aboiements des chiens de garde, toujours le chef du plus prochain hameau venait à ma rencontre; digne, dans sa longue robe de soie rayée ou de modeste coton bleu, il m'abordait avec des formules de bienvenue tout à fait grand siècle. Force m'était de le suivre jusque dans sa maison en terre séchée, où d'autres compliments s'échangeaient encore, et d'accepter la traditionnelle tasse de café arabe, après m'être assis à la place d'honneur sur le divan pauvre du logis.

*

Réveiller les fellahs de leur étrange sommeil, rouvrir enfin leurs yeux, les transformer par l'éducation moderne, est la tâche que veut entreprendre de nos jours une élite de patriotes égyptiens. Naguère, cela m'eût semblé un crime, car ces paysans obstinés vivaient dans des conditions de moindre souffrance, ayant beaucoup de foi et peu de désirs. Mais aujourd'hui ils subissent une invasion plus dissolvante que celles de tant de conquérants qui tuaient par les armes et par le feu : les Occidentaux sont là, partout, chez eux, profitant de leur passivité douce pour en faire des valets à l'usage de leurs trafics ou de leurs plaisirs. L'œuvre de dégradation est si facile sur ces simples sans défense, à qui l'on apporte les convoitises, les besoins nouveaux, les « apéritifs », — et à qui on enlève la prière!...

Alors, oui, il serait peut-être temps de les réveiller, ces dormeurs depuis plus de vingt siècles, de leur crier gare, et de voir ce qu'ils pourraient donner encore, quelles surprises ils nous réserveraient après cette longue léthargie, sans doute réparatrice. En tout cas, l'espèce humaine, en voie de décliner par surmenage, trouverait, chez ces chanteurs du châdouf et ces laboureurs avec la si vieille charrue, des cerveaux à peine touchés par l'alcool, et toute une réserve de beauté tranquille, de bon équilibre physique, de vigueur sans bestialité.

X

LE TOUT GRACIEUX LUNCHEON

Au grand resplendissement de onze heures du matin, nous traversons les champs d'Abydos, venant des bords du Nil, comme jadis tant de pèlerins antiques, pour nous rendre aux sanctuaires d'Osiris, qui sont au delà des vertes plaines, à l'orée du désert.

Trois ou quatre lieues, sous le ciel limpide et le soleil de feu blanc, parmi des blés ou des luzernes dont le vert admirable est piqué de fleurettes pareilles à celles de nos climats. Des centaines de petits oiseaux nous chantent éperdument la joie de vivre; ce soleil rayonne et chauffe avec magnificence; ces blés fougueux ont déjà des épis; on dirait la grande fête de nos jours de mai; on oublie que c'est février, que c'est encore l'hiver, — l'hiver lumineux de l'Égypte. Çà et là, dans le déploiement des champs tranquilles, apparaissent des villages enfouis sous des arbres très feuillus, sous des acacias qui, de loin, ressemblent aux nôtres; il y a bien là-bas, murant les fertiles campagnes, la chaîne de Libye, trop rose peut-être et trop désolée; mais c'est égal comme ce sont des moineaux et des alouettes qui font ici la gaie musique champêtre, on est à peine dépaysé; rien ne prépare l'esprit à ces vieux temples osiriens qui, paraît-il, vont tout à l'heure surgir.

Tout ce qu'il évoque pourtant, ce nom seul d'Abydos!... Rien que se dire : « Abydos est là tout près et j'y arriverai dans un moment », rien que cela transforme les aspects de ces simples sillons verts, rend presque imposante cette région d'herbages, — où le bourdonnement des mouches va croissant dans l'air surchauffé, tandis que le chant des oiseaux s'apaise et s'endort aux approches de midi.

Nous cheminions depuis un peu plus d'une heure parmi la verdure de ces jeunes blés étendus en tapis, quand, après les maisonnettes et les arbres d'un village, un monde tout autre se démasque soudain; toujours ce monde d'éblouissement et de mort qui enveloppe si étroitement l'Egypte habitée : le désert!

Il est là, le désert Libyque, et comme chaque fois que nous l'avons abordé venant des rives du vieux fleuve, nous sommes en contre-bas de lui. Il commence sans transition, absolu et terrible, aussitôt que finit le velours touffu du dernier champ, l'ombre fraîche du dernier acacia; ses sables ont l'air de dévaler jusqu'à nous, en une coulée immense, depuis ces montagnes trop étranges que nous apercevions de la plaine heureuse et qui trônent là-bas en souveraines sur tout ce néant.

La ville d'Abydos, aujourd'hui anéantie sans avoir laissé de vestiges, s'élevait jadis où nous sommes, au seuil des solitudes; mais ses nécropoles plus vénérées que celles de Memphis, ses temples trois fois saints étaient un peu au-dessus, dans les sables merveilleusement conservateurs qui les ont ensevelis sous leurs petites ondes patientes, pour en garder de presque intacts jusqu'à nos jours.

Le désert! Dès qu'on a posé le pied sur ce sol un peu mouvant, qui étouffe le bruit des pas, il semble que l'atmosphère aussi vient de subitement changer; elle se fait brûlante et altérante, comme si des brasiers s'étaient allumés dans les entours.

Et tout ce domaine de la clarté et de la sécheresse est, jusqu'en ses lointains, nuancé, zébré de ses habituels tons bruns, fauves ou jaunes. La morne réverbération des choses proches augmente jusqu'à l'excès la chaleur et la lumière; l'horizon tremble sous de petites vapeurs de mirage qui simulent de l'eau remuée par des souffles. Dans les arrière-plans, qui montent par degrés jusqu'aux pieds de la chaîne Libyenne, partout s'étagent des éboulis de pierres ou de briques;

des ruines, presque sans forme, émergent à peine des sables, mais indiquent leurs présences sans nombre, suffisent à donner le sentiment que c'est ici un très vieux sol, travaillé jadis par les hommes pendant des siècles que l'on ne sait plus. Et, au premier coup d'œil, on les devine si bien là-dessous, les catacombes, les hypogées, les momies!

Ces nécropoles d'Abydos, quelle fascination jadis elles ont exercée, et pendant des millénaires, sur ce peuple, précurseur des peuples, qui habitait la vallée du Nil! C'est que, d'après l'une des plus antiques traditions humaines, la tête d'Osiris, seigneur de *l'autre monde*, reposait au fond d'un de ces temples, qui sont aujourd'hui écroulés sous les sables. Or les hommes, dès que leur pensée a commencé de sortir de la nuit originelle, ont été hantés par cette conception qu'il y a des *voisinages* secourables aux pauvres cadavres couchés sous terre, qu'il y a des lieux sacrés où il est plus prudent de se faire enfouir si l'on veut être prêt quand sonnera le réveil. Donc, en la vieille Égypte, chacun à l'heure de la mort tournait ses regards vers ces pierres et ces sables, dans un souhait ardent de pouvoir y dormir près du débris de son Dieu. Ceux qui n'obtenaient point d'y prendre place, tant les entours étaient déjà encombrés de dormeurs, imaginaient d'y faire au moins planter une humble stèle rappelant leur nom, ou bien recommandaient qu'on y déposât pour quelques semaines leur momie, sauf à la remporter après, — et des cortèges funèbres d'aller et retour traversaient sans cesse les blés qui séparent le Nil du désert. Abydos, dans le triste rêve humain où domine l'attente de la destruction, Abydos a précédé de beaucoup de siècles la vallée de Josaphat des Hébreux, les cimetières autour de la Mecque des musulmans et les saints caveaux sous nos plus vieilles cathédrales... Abydos ! il n'y faudrait marcher qu'avec mélancolie et en silence, à cause de tant de milliers d'âmes qui jadis se sont orientées vers ce lieu, les mains tendues, à l'heure d'Épouvante...

Il est tout près, le premier grand temple, celui que le roi Sethos éleva pour cet inconnaissable prince de l'*autre monde* qui en son temps s'appelait Osiris. A peine quelque deux cents mètres, dans l'éblouissement de ce désert, et on y arrive ; on est saisi d'y être, car rien n'en dénonçait l'approche, les sables d'où il a été exhumé, et qui l'ensevelissaient depuis deux mille ans, s'élevant encore alentour jusqu'aux frises. Une grille de fer, où veillent deux grands bédouins en robe noire, et aussitôt après, l'ombre des pierres énormes : on est chez le dieu, dans la forêt des lourdes colonnes osiriennes, au milieu d'un monde de personnages à haute coiffure qui sont inscrits en bas-relief sur tous les piliers, sur toutes les murailles et qui semblent s'appeler de la main les uns les autres, échanger entre eux mille signes de mystère, de silence et d'éternité...

Mais qu'est-ce que ce bruit dans le sanctuaire? On dirait que c'est plein de monde là-bas... Derrière la seconde rangée de colonnes, des gens parlent à tue-tête, avec l'accent britannique; je crois même qu'on entend des verres se choquer, et des fourchettes tapoter de la vaisselle.

Oh! pauvre, pauvre temple, ce qui s'y passe!... Non, c'est plus insultant qu'être mis à sac par les barbares : subir cet excès de grotesque dans la profanation! Il y a là joyeuse et gaillarde tablée d'une trentaine de couverts, et les convives des deux sexes appartiennent à cette humanité spéciale qui fréquente chez Thos Cook and Son (Egypt limited). Des casques de liège et de classiques lunettes vertes. On boit du soda, du whisky; on mange à longues dents des viandes, qu'enveloppèrent des papiers graisseux dont les dalles restent jonchées. Et les dames surtout, oh! les dames, quels épouvantails à moineaux. — Or, c'est ainsi tous les jours, tant que dure la *season*, nous apprennent les gardes bédouins en robe noire. Un luncheon chez Osiris fait partie du programme *of pleasure trips*. Chaque midi, une bande nouvelle arrive, sur d'irresponsables et infortunés bourricots; quant aux tables, aux assiettes, elles se tiennent à demeure dans le vieux temple!

Sauvons-nous vite et, si possible, avant que le spectacle ait marqué dans notre mémoire.

Mais hélas! même quand nous sommes dehors, isolés de nouveau sur l'étendue des sables étincelants, nous ne pouvons plus rien prendre au sérieux : Abydos, le désert, tout a cessé d'exister ; le visage de ces dames nous hante, et leurs chapeaux, et des regards qu'elles nous ont jetés par-dessus leurs lunettes solaires... La laideur Cook, on m'en avait donné une fois cette raison, satisfaisante à première vue : « Le Royaume-Uni, jaloux à juste titre de la beauté de ses filles, les soumettrait à un jury lorsque leur vient l'âge de puberté ; à celles qui sont classées trop laides pour se transmettre, il accorderait une bourse sans limite chez Thos Cook and Son, les vouant ainsi à un perpétuel voyage qui ne leur laisserait pas le loisir de songer à certaines bagatelles de la vie. » L'explication m'avait séduit d'abord. Mais un examen plus attentif des bandes qui infestent la vallée du Nil m'a permis de constater que toutes ces Anglaises y sont d'un âge notoirement canonique ; donc la catastrophe de la procréation, si tant est qu'elle ait pu se produire chez elles, doit remonter à des époques bien antérieures à leur enrôlement. Et je demeure perplexe...

Sans conviction maintenant, nous nous sommes acheminés vers un autre temple, garanti solitaire. En effet, le soleil y darde, souverainement seul, au milieu d'un hautain silence, et, ici, l'Égypte, le passé commencent à nous ressaisir.

Toujours pour Osiris, dieu du céleste réveil dans les nécropoles d'Abydos, Ramsès II avait érigé ce sanctuaire. Mais les sables ont eu beau l'envelopper de leur linceul, ils n'ont pu nous en conserver que la base plus enfouie, les hommes s'étant acharnés à le détruire par le faîte[1]; ses ruines, aujourd'hui protégées pourtant et déblayées, ne s'élèvent plus qu'à trois ou quatre mètres du sol. Dans les bas-reliefs, la plupart des personnages n'ont que les jambes et la moitié du torse; avec le haut des murailles s'en sont allées leurs têtes et leurs épaules; mais il semble qu'ils aient gardé la vie : leurs gesticulements, la mimique excessive de leurs attitudes de décapités sont plus étranges et plus saisissants peut-être que s'ils avaient encore un visage. Ce qu'ils ont gardé surtout de prodigieux, c'est l'éclat de leurs antiques peintures, les teintes fraîches de leurs costumes, leurs robes d'un bleu turquoise ou lapis, ou d'un vert émeraude, ou d'un jaune d'or; un badigeon naïf, mais devant lequel on reste confondu parce qu'il n'a pas bronché depuis trente-cinq siècles : tout ce que faisaient ces gens-là risquait d'être éternel. Pourtant des nuances aussi vives ne se retrouvent guère dans les autres monuments pharaoniques, et, ici, elles frappent d'autant plus que les fonds sont demeurés blancs; malgré ses portiques en granit bleuté, en granit noir, en granit rose, le temple a toutes ses

[1]. Naguère un industriel, établi aux environs pour fabriquer de la chaux, ayant jugé friables à point les calcaires si fins des murailles, usa de ce temple comme d'une carrière et, pendant des années, les bas-reliefs sans prix servirent d'aliment aux meules de son usine.

murailles en un fin calcaire d'une blancheur rare, et en pur albâtre pour le saint des saints.

Par-dessus ces murs tronqués, aux si belles, si gaies et claires couleurs, le désert apparaît, et il est tout bruni par le contraste; par-dessus ces tableaux, où les personnages n'ont plus de tête, on voit la grande montée fauve des sables et des pierrailles, qui s'en va, comme d'un colossal balancement de houle, baigner là-bas les pieds de la chaîne Libyque. Vers le nord des solitudes et vers l'ouest, d'informes éboulements de blocs couleur basane se succèdent dans les sables, jusqu'où finit, d'une ligne nette sur le ciel, l'éblouissant lointain. A part ce temple de Ramsès où nous sommes, et, dans notre voisinage, celui de Sethos où sévit l'entreprise Cook, il n'y a plus alentour que des ruines émiettées, pulvérisées sans recours possible; mais elles imposent pourtant le recueillement, ces ruines finissantes, car elles sont les débris du temple sans âge où dormait la tête du dieu, les débris des sépultures du Moyen et de l'Ancien Empire; elles indiquent encore tout le développement des nécropoles d'Abydos, si vieilles que l'on se sent comme pris de vertige dès que l'on veut songer à leurs origines...

Ici, comme à Thèbes, comme à Memphis, on ne les rencontre que parmi le sable et les roches desséchées, ces tombeaux des Égyptiens : le grand peuple ancêtre, qui eût frémi de l'ombre de nos arbres noirs et de la pourriture de nos humides caveaux, tenait à déposer magnifiquement ses embaumés au milieu de cette lumineuse et immuable splendeur de mort qui s'appelle le désert.

**
* **

Ah! mon Dieu, qu'est-ce qui va se passer encore chez ce malheureux Osiris? Voici que des bédouins amènent à coups de bâton, vers la demeure voisine que lui dédia Sethos, une troupe de bourricots! Sans doute le lunch est achevé, et la bande va repartir, à l'heure militaire du programme. Observons, en gardant une distance prudente.

En effet, ils se remettent tous en selle, les cooks, les cookesses, et déployant, non sans quelque intention de majesté, des parasols en coton blanc, ils prennent la direction du Nil. Ils disparaissent; la place nous appartient.

Quand nous osons rentrer enfin dans ce premier sanctuaire, où ils avaient abondamment lunché à l'ombre, les gardiens sont là, qui s'empressent à balayer les épluchures, les papiers sales. Et, pour le luncheon de demain, ils serrent la douteuse vaisselle dans des coffres à demeure, où se lisent en grosses lettres de gloire les noms des véritables souverains de l'Égypte moderne : « Thos Cook and Son (Egypt limited). »

Tout cela heureusement se remise dans le

premier hypostyle. Rien ne déshonore les salles profondes, où le silence vient de retomber, le grand silence des midis du désert.

.*.

De ce temple, on s'émerveillait déjà, sous l'empereur Tibère, comme d'une relique du passé le plus lointain et nébuleux. Le géographe Strabon écrivait à cette époque : « C'est un palais admirable bâti à la façon du Labyrinthe, sauf qu'il a moins de galeries. » Il en a pourtant déjà beaucoup, de galeries, et on s'y promène en s'égarant comme dans un dédale. Sept chapelles, consacrées à Osiris et à différents dieux ou déesses de sa suite; sept travées, sept portes pour les processions des rois et des foules; et, sur les côtés, tant d'autres salles, couloirs, chapelles secondaires, chambres sombres, portes perdues! La très primitive colonne, inspirée des roseaux, que l'on a nommée en architecture la *colonne-plante* et qui imite une monstrueuse tige de papyrus, a poussé ici en futaie serrée, pour soutenir les pierres des plafonds bleus, semés d'étoiles à l'image du ciel de ce pays. En plusieurs places, elles manquent, ces pierres-là, et laissent des vides largement ouverts sur le ciel véritable d'en haut; en vain elles étaient massives comme pour des durées infinies, les soleils de tant de siècles les ont patiemment fendues, et ensuite leur propre poids les a précipitées: la lumière maintenant, par ces brèches, entre donc à flots jusque dans les chapelles où les hommes de jadis avaient voulu de saintes ténèbres.

Malgré ce désastre des plafonds, c'est ici un des sanctuaires les plus intacts de la vieille Égypte; les sables, toujours si doucement ensevelisseurs, y ont réussi à miracle leur œuvre conservatrice. On dirait sculptés d'hier les innombrables personnages qui, sur les murs, autour des colonnes plantées en forêt, partout, gesticulent, continuent avec animation leur causerie éternelle, à la muette, par signes de leurs bras et de leurs longues mains. Le temple entier, avec ces trouées qui l'éclairent, est plus beau peut-être qu'au temps des Pharaons. Au lieu de l'obscurité d'autrefois, une transparente pénombre alterne à présent avec de grands rayons en gerbes, qui inondent çà et là de lumière frisante les sujets des bas-reliefs si longtemps enfouis, détaillent leurs attitudes, leurs muscles, leurs couleurs à peine altérées, les retrempent de vie et de jeunesse. Pas un pan de muraille, dans ce lieu immense, qui ne soit couvert de divinités, surchargé d'hiéroglyphes et d'emblèmes. Osiris à haute coiffure, la belle Isis casquée d'un oiseau, Anubis à tête de loup-de-désert, Horus à tête d'épervier et Thoout ibiocéphale sont là mille fois répétés, toujours accueillant avec des gestes étranges les rois et les prêtres qui leur rendent hommage.

Les corps presque nus, à larges épaules et à fine taille, ont une sveltesse, une grâce infiniment chastes, et les traits des visages sont d'une pureté exquise. C'étaient déjà des artistes très préparés, ceux qui ciselaient ces têtes charmantes aux longs yeux pleins de l'antique rêve ; mais par une lacune qui nous confond, ils ne savaient encore les inscrire que de *profil* ; de profil aussi, toutes les jambes, tous les pieds, tandis que les torses par contre restent invariablement de face : il a donc fallu aux hommes bien des siècles d'étude avant de comprendre la perspective qui nous paraît si simple, le raccourci des figures, et d'être capable d'en donner l'impression sur une surface plane !...

Plusieurs de ces tableaux représentent le roi Sethos, dessiné sans doute d'après nature, car on retrouve là presque les traits de sa momie, si calme et si belle, exhibée de nos jours au musée du Caire. A ses côtés se tient dévotement son fils, le prince royal Ramsès (plus tard Ramsès II, le grand Sésostris des Grecs); on lui a donné l'air tout candide, et il porte cette boucle de cheveux sur le côté qui était la coiffure de l'enfance ; — lui aussi a sa momie sous les vitrines du musée, et quand on a vu ce débris édenté, sinistre, qui atteignait déjà près de cent ans d'âge lorsque la mort le livra aux embaumeurs de Thèbes, on n'arrive pas à se persuader qu'il ait pu être jeune, coiffé d'une boucle noire, qu'il ait pu jouer, être un enfant...

⁎⁎⁎

Nous pensions en avoir fini avec les cooks et les cookesses du luncheon. Mais hélas! nos chevaux, plus rapides que leurs ânes, les rattrapent au retour, parmi les blés verts d'Abydos, et un embarras dans le chemin étroit, une rencontre de chameaux chargés de luzerne, nous immobilise un instant, tous pêle-mêle. A me toucher il y a un amour de petit âne blanc qui me regarde, et d'emblée nous nous comprenons, la sympathie jaillit réciproque. Une cookesse à lunettes le surmonte, oh! la plus effroyable de toutes, osseuse et sévère; par-dessus son complet de voyage, déjà rébarbatif, elle a mis un jersey pour tennis, qui accentue les angles, et sa personne semble incarner la *respectability* même du Royaume-Uni. On trouverait d'ailleurs plus équitable — tant sont longues ses jambes dénuées de tout intérêt pour le touriste — que ce fût elle qui portât l'âne.

Il me regarde avec mélancolie, le pauvre petit blanc, dont les oreilles sans cesse remuent, et ses jolis yeux si fins, si observateurs de toutes choses, me disent à n'en pas douter :

— Elle est bien vilaine, n'est-ce pas?

— Mon Dieu, oui, mon pauvre petit bourricot. Mais songe un peu, fixée à ton dos comme elle est là, tu as au moins sur moi l'avantage de ne plus la voir.

Pourtant ma réflexion, bien que judicieuse, ne le console pas, et son regard me répond qu'il se sentirait bien plus fier de porter, comme beaucoup de ses camarades, un simple paquet de cannes à sucre.

XI

LA DÉCHÉANCE DU NIL

Au début de notre période géologique, il y a quelques milliers de siècles, quand les continents eurent pris, dans la dernière tourmente mondiale, à peu près les formes que nous leur connaissons, et quand les fleuves se mirent à tracer leurs lignes hésitantes, il se trouva que les pluies de tout un versant de l'Afrique furent précipitées, en une gerbe d'eau formidable, à travers la région impropre à la vie qui s'étend depuis l'Atlantique jusqu'à la mer des Indes, et que nous appelons la région des Déserts. A la longue, elle régla son cours, cette énorme coulée d'eau égarée dans les sables, elle devint *le Nil*, et, avec une patience inlassable, elle se mit à son travail de fleuve, qui pourtant ne semblait pas possible en cette zone maudite : d'abord arrondir tous les blocs de granit épars sur son chemin dans les hautes plaines de Nubie, et puis surtout déposer peu à peu, peu à peu du limon par couches, former une artère vivante, créer comme un long ruban vert au milieu de ce domaine infini de la mort.

Il y a combien de temps qu'il est commencé, ce travail du grand fleuve? — Y penser fait peur... Depuis cinq mille ans que nous pouvons contrôler, c'est à peine si l'apport incessant des limons a pu élargir ce ruban de l'Égypte habitable qui, aux plus anciennes périodes de l'histoire, était à peu près comme de nos jours. Quant aux blocs granitiques des plaines de Nubie, combien de millénaires a-t-il fallu pour les rouler ainsi et les polir? Au temps des Pharaons ils avaient exactement déjà leurs formes de boules usées par le frottement de l'eau, — et tant d'inscriptions hiéroglyphiques sur leurs faces rondes ne sont même pas sensiblement estompées pour avoir subi le passage de l'inondation périodique des étés durant quarante ou cinquante siècles!...

Elle fut un pays d'exception, cette vallée du Nil; elle fut merveilleuse et unique, fertile sans pluie, arrosée à souhait par son fleuve sans le secours d'aucun nuage, ignorant les temps sombres, les humidités qui nous oppressent, gardant le ciel inaltérable de ces immenses déserts d'alentour qui jamais n'exhalent une vapeur d'eau pour embrumer l'horizon. C'est sans doute cette éternelle splendeur de la lumière, et cette facilité de la vie qui firent éclore ici les primeurs de la pensée humaine. Ce même Nil, après avoir si patiemment créé le sol d'Égypte, fut aussi le père de la race qui partit en avant de toutes les autres, comme ces branches hâtives que l'on voit, au printemps, jaillir les premières d'une souche, mais qui parfois meurent avant l'été. Il enfanta ce peuple dont nous recueillons aujourd'hui les moindres vestiges avec stupeur et admiration; un peuple qui, dès l'aube, au milieu des originelles barbaries, conçut magnifiquement l'infini et le divin, posa avec tant de sûreté et de grandeur les premières lignes architecturales d'où devaient dériver ensuite nos architectures, jeta les bases de l'art, ainsi que de toute science. et de toute sagesse.

Plus tard, quand cette belle fleur d'humanité se fut fanée, le Nil, coulant toujours au milieu de ses déserts, semble avoir eu pour mission, pendant près de deux mille ans, de maintenir sur ses bords une sorte d'immobilité et de désuétude qui étaient comme un hommage de respect à ces écrasants souvenirs. A mesure que les sables ensevelissaient les ruines des temples et les colosses au visage brisé, rien ne changeait ici, sous le ciel immuablement bleu; les mêmes cultures le long des rives se faisaient de la même manière qu'aux vieux âges, les mêmes barques pareillement voilées suivaient ou remontaient le fil de l'eau, les mêmes chansons rythmaient l'éternel travail humain ; la race fellah, gardienne inconsciente du prodigieux passé, somnolait sans désirs nouveaux et à peu près sans souffrance ; le temps coulait pour l'Égypte dans une grande paix de soleil et de mort.

Mais des étrangers à présent sont maîtres, et viennent de réveiller le vieux Nil pour l'asservir. En moins de vingt ans ils ont défiguré sa vallée, qui jusque-là se gardait comme un sanctuaire ; ils ont imposé silence à ses cataractes, capté son eau précieuse par des barrages, pour l'épandre au loin sur des plaines qui sont devenues des marais, et qui déjà ternissent de leurs buées le cristal du ciel. Les anciens agrès ne suffisant plus à arroser les cultures d'aujourd'hui, des machines à vapeur, pour puiser plus vite, commencent de se dresser le long des berges, à côté des usines nouvelles, et bientôt il n'y aura guère de fleuve plus déshonoré que celui-là par des tuyaux de fer et des fumées noires. Cela se fait du reste avec hâte, comme à la curée, cette mise en exploitation du Nil, — et ainsi s'en va toute sa beauté, car son cours uniforme, à travers des régions indéfiniment pareilles, ne valait que par le calme et l'antique mystère.

Pauvre Nil des prodiges ! On subit parfois encore son charme finissant ; des coins sont restés intacts ; il y a des jours de clarté, il y a d'incomparables soirs où l'on peut s'abstraire des fumées et des laideurs. Mais la classique expédition en dahabieh, la remontée du fleuve depuis le Caire jusqu'à la Nubie, ne méritera bientôt plus d'être faite.

D'habitude, c'est l'hiver qu'on entreprend ce voyage-là, afin de se rapprocher toujours du soleil à mesure qu'il s'enfuit vers l'hémisphère austral; l'hiver, la saison où les eaux baissent et où la vallée se dessèche. Au sortir de la ville cosmopolite qu'est le Caire d'aujourd'hui, après les ponts en ferraille, après les prétentieux hôtels zébrés d'inscriptions raccrocheuses, on éprouve une paix soudaine à s'éloigner sur le fleuve aux eaux larges et rapides, entre les rideaux de palmiers des bords, emporté par la dahabieh où l'on est maître, et où si l'on veut, l'on est seul.

D'abord vous suivent, pendant un jour ou deux, ces grands triangles obsédants qui sont les pyramides : celles de Dachour, celle de Sakkarah succédant à celles de Gizeh, l'horizon est inquiété longtemps par leurs silhouettes géantes; ainsi qu'il arrive pour les montagnes, elles semblent plus hautes à mesure que l'on s'en va et qu'elles se dégagent mieux des choses proches. Et, quand elles ont enfin disparu, on a devant soi, avant d'atteindre la première cataracte, environ deux cents lieues de fleuve à remonter lentement par étapes, à travers de monotones régions désertiques, où les heures et les jours seront marqués surtout par le jeu de l'admirable lumière; en dehors de cette fantasmagorie des matins et des soirs, rien de bien saillant sur les berges presque toujours grises, où se manifeste, sans varier jamais, l'humble vie pastorale des fellahs. Le soleil est brûlant, les nuits étoilées sont claires et froides; un vent desséchant, qui souffle du nord à peu près sans trêve, fait frissonner dès que le crépuscule tombe.

On a beau cheminer des lieues et des lieues sur cette eau limoneuse, on a beau refouler pendant des jours et des semaines ce courant, qui glisse le long de la dahabieh en petites ondes pressées, on ne voit décroître ni en abondance ni en vitesse ce fleuve aux tiédeurs fécondantes, près duquel nos fleuves de France sembleraient de négligeables ruisseaux. Et indéfiniment se déroulent, à droite et à gauche, les deux parallèles chaînes de calcaire dénudé qui emprisonnent si étroitement l'Égypte des moissons; à l'ouest, celle des déserts Libyques où chaque matin les premiers rayons viennent se poser pour la teindre en un rose de corail toujours aussi frais; à l'est, celle des déserts de l'Arabie qui ne manque jamais le soir de retenir toute la lumière du couchant pour ressembler à une triste ceinture de braise rouge. Tantôt elles s'éloignent, les deux murailles parallèles, et donnent plus d'espace aux champs verts, aux bois de palmiers, aux petites oasis séparées par des marbrures de sable d'or. Tantôt elles se rapprochent tellement du Nil que l'Égypte habitable n'a plus que la largeur de deux ou trois pauvres sillons de blé, tout au bord de l'eau, après quoi tout de suite commencent les pierres mortes et les sables morts. Quelquefois même c'est jusqu'à surplomber le fleuve que s'avance la chaîne désertique, sorte de falaise calcinée, d'un blanc rougeâtre, qu'aucune pluie ne vient jamais rafraîchir, et où l'on voit, à différentes hauteurs, bâiller les trous carrés qui mènent chez les momies. Pendant cinq mille ans, on les a perforées pour y introduire des sarcophages, et elles fourmillent intérieurement de vieux cadavres, ces montagnes qui de loin sont d'un si joli rose et qui servent d'interminables toiles de fond à tout ce qui se passe le long de ces rives.

Et ce n'est pas plus divers que les lointains, tout ce qui se passe là. D'abord il y a ce geste souple et superbe, mais toujours le même, des femmes aux longs vêtements noirs, qui viennent sans cesse emplir leur jarre à long col, et l'emportent en équilibre sur leur tête voilée. Ensuite les troupeaux, que des pastoures drapées de deuil mènent se désaltérer, chèvres, brebis et ânons pêle-mêle. Aussi les buffles lourds, couleur de vase, qui descendent se baigner avec nonchalance. Enfin il y a le grand labeur de l'arrosage : la traditionnelle noria, que fait tourner un petit bœuf les yeux bandés, et surtout le châdouf à bascule, actionné par des hommes dont le torse nu ruisselle.

Ils se succèdent, les châdoufs, parfois jusqu'à

perte de vue, et c'est étrange à regarder, l'agitation, confuse dans le lointain, de toutes ces longues perches qui pompent l'eau sans trêve, avec un balancement d'antenne vivante. — Or il en allait de même le long de ce fleuve au temps des Ramsès. — Mais soudain, à quelque tournant de la rive, le vieil agrès pharaonique disparaît pour faire place à des séries de machines à vapeur, qui, plus encore que les muscles des fellahs, sont actives au puisage, et qui bientôt feront au Nil domestiqué une bordure de leurs tuyaux noirâtres.

Les grandes ruines de cette Égypte, si on ignorait leur gisement, on passerait sans les voir. A de rares exceptions près, elles sont au delà des vertes plaines, au seuil des solitudes. Donc, sur l'immuable fond rose de ces falaises du désert, qui vous suivent pendant toute cette tranquille navigation de deux cents lieues, on ne voit défiler que les humbles villes ou villages d'aujourd'hui, qui ont la couleur neutre de la terre. Quelques minarets ajourés les dominent, bien blancs au-dessus de leurs grisailles. Des nuées de pigeons tourbillonnent alentour. Et, parmi les maisonnettes, qui ne sont que des cubes de boue recuits au soleil, les palmiers d'Afrique ont jailli superbes, isolés ou en touffes puissantes, laissant tomber de haut sur ces petits gîtes humains l'ombre de leurs plumets que le vent balance. Naguère, bien que tout cela fût stagnant et morne, on devait

avoir en passant la tentation de s'arrêter, attiré
par cette paix sans nom qui était celle de l'Orient
lointain et de l'Islam. Mais à présent, devant la
moindre bourgade — parmi les belles barques
primitives qui sont encore là nombreuses et poin-
tant vers le ciel bleu leurs vergues comme de
très longs roseaux, — il y a toujours, pour l'ac-
costage des bateaux touristes, un énorme ponton
noir qui défigure tout par sa présence et par son
inscription-réclame : « Thos Cook and Son,
(Egypt limited). » De plus, on entend siffler le
chemin de fer qui sans merci longe le fleuve,
pour promener depuis le Delta jusqu'au Soudan
des hordes d'Européens envahisseurs. Et enfin,
aux abords des gares, inévitablement quelque
moderne usine trône avec ironie, dominant de
ses tuyaux les pauvres choses croulantes qui
essayent de dire encore l'Égypte et le mystère.

Alors, non, les villes, les villages, à moins
qu'ils ne mènent à des ruines célèbres, on ne s'y
arrête plus; il faut passer outre et, pour l'étape
du soir, chercher un hameau perdu, un recoin
de silence, où amarrer sa dahabieh contre la
vénérable terre grise de la berge.

Ainsi l'on s'en va, pendant des jours, pendant
des semaines, entre ces deux interminables falaises
de calcaire rose pleines d'hypogées et de momies,
qui sont les murailles de la vallée du Nil et
doivent vous suivre jusqu'à la première cataracte,
jusqu'à l'entrée de la Nubie. Là seulement chan-

geront enfin d'apparence et de nature les rochers des déserts, pour devenir ces granits plus sombres dans lesquels les Pharaons faisaient tailler leurs grands dieux et leurs obélisques.

On s'en va, on s'en va, remontant le fil de ce courant éternel, et, pour faire perdre la notion des heures et des dates qui fuient, il y a la régularité du vent, la persistance d'un ciel limpide, la monotonie du grand fleuve qui serpente et ne finit jamais. Si déçu que l'on soit de voir tout profané sur les bords, on n'échappe point à cette paix d'être nomade et isolé sur l'eau, étranger parmi un équipage d'Arabes silencieux, qui chaque soir se prosternent pour de confiantes prières.

D'ailleurs, on marche vers le sud, vers le soleil, et chaque jour la clarté se fait plus belle, la chaleur plus caressante, en même temps que brunit davantage le bronze des figures perçues en route.

Et puis on est intimement mêlé à cette vie fluviale, restée si intense, et qui, à certaines heures, quand aucune fumée de houille ne salit l'horizon, vous ramène aux époques du travail naïf et de la saine beauté. Dans les barques qui vous croisent, des hommes demi-nus, grisés de mouvement, de soleil et d'air, rament en donnant de la voix pour ces chansons du Nil qui sont vieilles comme Thèbes ou Memphis. Lorsque le grand vent se lève, alors c'est le déploiement fou des voilures, enverguées sur des cornes si longues que toutes ces dahabiehs ressemblent à des oiseaux de haut vol. Très penchées aussitôt, elles entraînent d'un élan plus vif leurs cargaisons de gens, de bêtes ou de primitives choses : femmes encore drapées à l'antique, moutons et chèvres, ou bien piles de fruits, de courges et sacs de graines. Beaucoup sont chargées à couler bas de ces jarres en terre, invariables depuis trois mille ans, que les fellahines savent poser sur leur tête avec tant de grâce, — et on voit ces entassements de poteries fragiles prendre la course au-dessus de l'eau, comme soulevés par des ailes gigantesques de mouette. Or, dans des temps reculés et presque fabuleux, cette vie des mariniers du Nil avait les mêmes aspects, ainsi qu'en témoignent les bas-reliefs des plus vieux tombeaux; elle exigeait le même jeu des muscles et des voiles, réglé sans doute par les mêmes chansons, et c'était sous la caresse desséchante de ce même vent des déserts, tandis que le même rose inchangeable colorait au loin ces continuels rideaux de montagnes...

Mais tout à coup, bruits de machines, sifflets, et, dans l'air qui était si pur, infectes spirales noires : ce sont les modernes steamers qui viennent jeter le désarroi dans ces flottilles du passé; avec de grands remous, s'avancent des charbonniers, ou bien une kyrielle de ces bateaux à trois étages, pour touristes, qui font tant de vacarme en sillonnant le fleuve, et sont bondés en majeure partie de laiderons, de snobs ou d'imbéciles.

Pauvre, pauvre Nil, qui refléta jadis sur ses chauds miroirs le summum des magnificences terrestres, qui porta tant de barques de dieux et de déesses en cortège derrière la grand'nef d'or d'Amon, et qui ne connut à l'aube des âges que d'impeccables puretés, aussi bien dans les formes humaines que dans les conceptions architecturales!... Pour lui quelle déchéance! Après son dédaigneux sommeil de vingt siècles, promener aujourd'hui les casernes flottantes de l'agence Cook, alimenter des usines à sucre, et s'épuiser à nourrir avec son limon de la matière première pour cotonnades anglaises!...

XII

CHEZ LA DÉESSE DE L'AMOUR ET DE LA JOIE

On est au mois de mars, et tout resplendit comme chez nous en juin. On est parmi les sillons des blés verts, les luzernes, les fèves en fleur, — tout cela plein d'oiseaux qui s'agitent, qui chantent, qui délirent de joie, dans le voluptueux affairement des nids et des couvées. On chemine sur une terre grasse, saturée de substances vitales. Sans doute on traverse quelque éden pour les bêtes, car elles pullulent de tous côtés : des troupeaux de chèvres avec mille chevreaux bêlants : des ânesses avec leurs jeunes ânons qui bondissent; des vaches et des vaches-buffles allaitant leurs petits; et tout cela laissé libre au milieu des récoltes, avec loisir de les brouter, comme s'il y en avait surabondance...

Quel est ce pays que ne précise aucune habitation, aucun village, ni clocher en vue? Cultures de chez nous, ces blés, ces luzernes, ces fèves qui embaument l'air de leurs fleurs blanches ; mais il y a excès de lumière au ciel, et, dans les lointains, excès de limpidité profonde. Et puis, ces plaines fertiles autant que celles de quelque « Terre promise », sont comme encloses au loin, de droite et de gauche, par deux parallèles murailles de pierre, par deux chaînes de montagnes roses, d'un aspect notoirement désertique. D'ailleurs, voici, parmi tant de bêtes de nos climats, des chamelles, allaitant aussi leurs étranges nourrissons pareils à des autruches qui auraient quatre pattes. Et enfin des paysannes apparaissent là-bas dans les blés; elles sont voilées de longues draperies noires : alors c'est l'Orient, c'est quelque contrée africaine ou quelque oasis d'Arabie?

Le soleil en ce moment reste amorti pour nous par une bande de nuages, qui est seule dans le vide bleu, juste au-dessus de nos têtes, comme si, d'un bout à l'autre du ciel, un long écheveau de laine blanche se fût déployé; cela fait plus calme et presque un peu mystérieux le grand éclairage de ces champs où nous cheminons, de ces plaines ivres de vie et toutes vibrantes de musiques d'oiseaux, tandis que par contraste les lointains, que rien ne voile, resplendissent avec une netteté plus incisive, et que les montagnes des déserts là-bas semblent plus inondées de rayons.

Le sentier que nous continuons de suivre, mal défini dans les sillons et les herbes, va nous faire passer sous un grand portique en ruine, — quelque débris d'on ne sait quel vieux temps, qui se dresse encore là, bien isolé, bien imprévu au milieu de l'étendue si verte des pâturages ou des labours. On le voyait de très loin, ce portique, tant l'air est pur; en s'approchant, on s'aperçoit qu'il est colossal. Et, en relief sur le linteau, un globe se dessine, un globe qui a deux longues ailes symétriquement éployées...

Alors, il faut saluer, avec un respect quasi religieux, car ce disque ailé est enfin un symbole qui donne une indication immédiate et absolue; ce pays, c'est donc l'Égypte, l'Égypte notre antique mère. Un temple vénéré des peuples devait être par là, ou une grande ville disparue, car maintenant, devant nous, des tronçons de colonnes, des chapiteaux sculptés gisent dans les luzernes comme une jonchée... Combien c'est inexplicable, qu'elle soit depuis des siècles redescendue à l'humble vie pastorale, cette terre des anciennes splendeurs, qui pourtant n'a jamais cessé d'être nourricière et prodigieusement féconde!

A travers les moissons vertes et les rassemblements de troupeaux, notre sentier paraît conduire à une sorte de colline, posée seule au milieu des plaines, et qui n'est ni de même couleur ni de même nature que les montagnes des déserts alentour. Derrière nous, le portique recule peu à peu dans le lointain ; sa haute silhouette imposante, si morne et solitaire, jette une tristesse infinie sur cette mer d'herbages qui étend son calme là où fut jadis un centre de magnificence.

Et à présent le vent se lève en coup de fouet, ce vent presque sans trêve de l'Égypte, qui est âpre et rappelle l'hiver malgré le soleil de feu ; alors tous les blés s'inclinent, montrent les luisants de leurs jeunes feuilles agitées, et toutes les bêtes des troupeaux, se serrant les unes aux autres, se tournent à contre de la rafale.

De plus près, la colline singulière que nous allons atteindre se révèle un amas de décombres. Toujours les pareils décombres, d'un brun rouge, laissés de place en place par ces villes coloniales romaines, qui vécurent ici deux ou trois siècles (un rien de temps presque négligeable dans l'histoire si longue d'Égypte) et puis qui s'émiettèrent, pour n'être plus que des tas informes sur les limons gras du Nil ou bien sous les sables ensevelisseurs.

Amoncellement de petites briques rougeâtres, qui jadis s'érigeaient en maisons ; amoncellement de ces débris de jarres ou d'amphores, par myriades, qui servirent à transporter l'eau du vieux fleuve nourricier. Et des restes de murs, remaniés à toutes les époques, où des pierres inscrites d'hiéroglyphes voisinent la tête en bas avec des fragments de stèles grecques, ou de sculptures coptes, ou de chapiteaux romains. Dans nos pays, dont le passé est d'hier, nous n'avons rien qui ressemble à de tels chaos de choses mortes.

De nos jours, on arrive au sanctuaire de la déesse par une large tranchée dans cette colline de décombres; les incroyables monceaux de briques et de poteries en déroute l'enferment de tous côtés comme un rempart jaloux, et dernièrement encore il était enfoui là dedans jusqu'aux toits. Il déconcerte dès qu'il apparaît, tant il est grandiose, austère, sombre : comment, ce fut ici sa demeure, à l'Aphrodite égyptienne, déesse de l'Amour et de la Joie! Plutôt ne dirait-on pas arriver chez quelque dieu redoutable, prince des Ténèbres et de la Mort?... Un portique sévère, bâti en pierres géantes et surmonté du disque à grandes ailes, laisse entrevoir un asile de religieux effroi, des profondeurs où de massives colonnades vont se perdre en pleine nuit.

On entre, et dès les premiers pas, c'est une fraîcheur et une sonorité de sépulcre. D'abord le pronaos, où l'on y voit encore à peu près clair, entre des piliers chargés d'hiéroglyphes. N'étaient les grandes figures humaines, qui servent de chapiteaux pour les colonnes et qui sont l'image de la belle Hathor, déesse du lieu, ce temple d'époque décadente différerait à peine de ceux que l'on bâtissait en ce pays deux millénaires auparavant. Même rectitude et même lourdeur.

Aux plafonds bleu sombre, mêmes fresques représentant des astres, des génies du ciel et des séries de disques ailés. En bas-reliefs sur toutes les parois, mêmes peuplades obsédantes de personnages qui gesticulent, qui se font les uns aux autres des signes avec les mains, — éternellement ces mêmes signes mystérieux, répétés à l'infini partout, dans les palais, les hypogées, les syringes, sur les sarcophages, et les papyrus des momies.

Les temples memphites ou thébains, qui précédèrent celui-ci de tant de siècles et furent tellement plus grandioses encore, ont tous perdu, par suite de l'écroulement des énormes granits des toitures, leur obscurité voulue, autant dire leur sainte horreur. Chez la belle Hathor, au contraire, à part quelques figures mutilées jadis à coups de marteau par les chrétiens ou les musulmans, tout est demeuré intact, et les hauts plafonds n'ont pas cessé de jeter sur les choses leur ombre propice aux frayeurs.

Cette ombre augmente dans l'hypostyle qui fait suite au pronaos. Puis viennent l'une après l'autre deux salles de plus en plus saintes, où un peu de jour tombe à regret par d'étroites meurtrières, éclairant à peine les rangs superposés des innombrables figures qui gesticulent sur les murailles. Et, après de majestueux couloirs encore, voici enfin le cœur de cet entassement de terribles pierres, le saint des saints, enveloppé d'épaisses ténèbres; les inscriptions hiéroglyphiques dénomment ce lieu la « salle occulte », et jadis le grand prêtre avait *seul et une seule fois chaque année* le droit d'y pénétrer pour l'accomplissement de rites que l'on ne sait plus.

Elle est vide aujourd'hui, la « salle occulte » depuis longtemps spoliée des emblèmes d'or ou de pierre précieuse qui l'emplissaient jadis. Les grêles petites flammes des bougies que nous venons d'y allumer n'arrivent pas à percer l'obscurité qui, au-dessus de nos têtes, se condense vers les plafonds de granit; tout au plus elles nous permettent de distinguer, dans cette sorte de vaste caveau rectangulaire, les phalanges de personnages qui, sur les murs, échangent entre eux, par signes, leurs intimidantes causeries muettes.

Vers la fin de l'ère antique et au début de l'ère chrétienne, l'Egypte, on le sait, exerçait encore sur le monde une telle fascination, par son prestige d'aïeule, par le souvenir de son passé dominateur et par l'immuabilité souveraine de ses ruines, qu'elle imposait ses dieux aux conquérants, son écriture, son art architectural, et jusqu'à ses rites et à ses momies. Les Ptolémées y bâtirent des temples qui reproduisaient ceux de Thèbes ou d'Abydos. De même les Romains, qui pourtant connaissaient déjà la *voûte*, suivirent ici les modèles primitifs et continuèrent ces plafonds en granit, faits de monstrueuses dalles posées à plat, comme nos poutres. Donc, ce temple d'Hathor, construit aux temps de Cléopâtre et d'Auguste, sur un emplacement vénéré de toute antiquité, rappelle à première vue quelque conception des Ramsès.

Cependant, si l'on regarde mieux, c'est dans le détail surtout des milliers de figures en bas-relief que l'écart se montre considérable. Mêmes poses, mêmes gestes traditionnels; mais la grâce exquise des lignes est perdue, ainsi que le calme hiératique des regards et des sourires. Dans l'art égyptien des belles époques, les personnages à fine taille restent purs comme les grandes fleurs qu'ils tiennent à la main; leurs muscles peuvent être indiqués d'une façon précise et savante, n'importe, ils demeurent quand même immatériels. Le dieu Amon en personne, le procréateur dessiné souvent avec une crudité absolue, paraîtrait chaste à côté des hôtes de ce temple. Ici, au contraire, on dirait des êtres vivants, palpitants et lascifs, qui auraient posé par jeu dans ces attitudes consacrées. La gorge de la belle déesse, ses hanches, ses nudités intimes sont traitées avec un réalisme chercheur et caressant; c'est de la chair qui frissonne. Elle et son époux, le bel Horus, fils d'Isis, se contemplent, nus, l'un devant l'autre, et leurs yeux rieurs sont ivres d'amour.

Autour du saint des saints, quantité de salles pleines d'ombre, massives comme des forteresses. Elles servaient jadis pour des rites compliqués, pour des mystères. Là, comme partout, pas un coin de mur qui ne soit surchargé de personnages et d'hiéroglyphes. Aux plafonds bleus, où les disques ailés sont peints en fresque et simulent des envolées d'oiseaux, il y a des chauves-souris qui dorment, et les frelons des champs d'alentour ont accroché par centaines leurs nids qui pendent comme des stalactites.

Plusieurs escaliers conduisent aux vastes terrasses que forment les toits plats du temple, escaliers étroits, étouffants, mal éclairés par des meurtrières qui révèlent l'angoissante épaisseur des murailles. Là encore, d'inévitables séries de personnages, inscrits sur toutes les parois dans les toujours mêmes poses vous suivent, montent en votre compagnie, et ne cessent pas de se faire entre eux les toujours pareils signes.

A l'arrivée sur ces hautes toitures, en même temps que vous ressaisit le soleil d'Egypte et l'âpre vent froid, on est accueilli par un tapage de volière : c'est le royaume des moineaux, qui ont des nids par milliers chez la complaisante déesse, et crient tous ensemble, à plein gosier, dans la joie de vivre. Une esplanade, ce faîte de temple ; une solitude pavée de gigantesques dalles. On découvre de là, par-dessus les monceaux de décombres, ces plaines qui s'étendent avec une si parfaite sérénité là même où fut jadis la grande ville de Dendéra, aimée d'Hathor, l'une des plus fameuses de la Haute-Égypte.

Des plaines qui, à l'infini, sont vertes de la poussée nouvelle des blés, des luzernes et dse fèves. Les troupeaux, çà et là massés, semblent des taches sombres sur cette verdure si fraîche des nappes d'herbage que le vent agite et fait onduler. Et les deux chaînes de montagnes en pierres roses, qui courent parallèlement — à l'est celle du désert d'Arabie, à l'ouest celle du désert Lybique, — ferment dans le lointain cette vallée du Nil, cette terre d'abondance qui fut depuis l'antiquité jusqu'à nos jours un objet de convoitise pour tous les peuples de proie...

Le temple a aussi des dépendances souterraines, des cryptes où l'on descend par des escaliers d'oubliettes, ou bien où l'on se faufile par des trous. Longues galeries superposées, qui devaient servir à cacher des trésors; longs couloirs rappelant ceux qui, dans les mauvais rêves, pourraient bien se resserrer pour vous ensevelir. Il y fait une lourde chaleur. Et les innombrables personnages, bien entendu, sont là aussi, gesticulant sur toutes les parois; les mille représentations de la belle déesse, bombant ses seins que l'on est obligé de frôler quand on passe, et qui ont gardé presque intactes les couleurs de chair appliquées du temps des Ptolémées.

Dans l'un des vestibules que nous retraversons pour sortir enfin du sanctuaire, parmi tant de bas-reliefs qui représentent là des souverains rendant hommage à la voluptueuse Hathor, un jeune homme, coiffé de la tiare royale à tête d'uræus, est assis dans la pose pharaonique : l'empereur Néron!...

Les hiéroglyphes du cartouche sont là pour affirmer son identité, bien que le sculpteur, ignorant son vrai visage, lui ait donné des traits conventionnels, réguliers comme ceux du dieu Horus. Durant les siècles de la domination romaine, les empereurs d'Occident envoyaient de là-bas des ordres pour qu'ici leur image fût placée sur les murs des temples et pour que l'on fît en leur nom des offrandes aux divinités de cette Égypte — qui était cependant, à leurs yeux, un pays si lointain, une colonie presque au bout du monde. (Or une telle déesse, de rang secondaire au temps des Pharaons, se trouvait tout indiquée comme favorite des Romains de la décadence.)

L'empereur Néron!... En effet, lorsque s'inscrivaient ces presque derniers bas-reliefs et ces hiéroglyphes agonisants, les inextricables théogonies primitives touchaient à leur fin, et les déesses de joie avaient bientôt fait leur temps. On venait de concevoir en Judée de plus hauts et plus purs symboles, qui devaient régir la moitié du monde pendant deux millénaires, — pour ensuite, hélas! décliner à leur tour; les peuples allaient donc essayer de se jeter à cœur perdu dans le renoncement, l'ascétisme, la fraternelle pitié.

Combien c'est étrange à se dire! pendant qu'on ciselait ici même cet archaïque bas-relief d'empereur et que l'on se servait encore, pour graver son nom, de cette écriture remontant à la nuit des âges, il y avait déjà des chrétiens qui s'assemblaient à Rome dans les catacombes et mouraient en extase dans le cirque!...

XIII

LOUXOR MODERNISÉ

Les eaux du Nil étant déjà basses, ma dahabieh retardée par des échouages, n'avait pu atteindre Louxor, et nous l'avions amarrée en un point quelconque de la berge, dès que l'obscurité avait commencé de nous prendre.

— Nous sommes tout près, m'avait dit le pilote avant d'aller faire sa prière du soir; en une heure, demain, nous arriverons.

Et la nuit douce était tombée sur nous, en ce lieu que rien ne semblait distinguer de tant d'autres où, depuis un mois, nous nous étions de même amarrés un peu au hasard, pour attendre le lever du jour. Des verdures confuses groupées en masses sombres au-dessus desquelles, çà et là, un plus haut palmier dessinait ses plumes noires. Une grande musique de grillons, de ces heureux grillons de la Haute-Égypte, qui peuvent chanter presque toute l'année dans la tiédeur odorante des herbes. Et puis bientôt, au milieu du silence, des cris d'oiseaux de nuit, comme de lugubres miaulements de chat. Rien d'autre, — si ce n'est toujours, dominant tout, bien que deviné à peine et comme latent, le calme infini des déserts.

* * *

Et ce matin, au lever du soleil, pureté et splendeur ainsi que chaque matin. Nuance de corail rose, s'avivant peu à peu là-bas au sommet de la chaîne libyque, en avant des dernières ombres gris de lin qui dans le ciel étaient les restes de la nuit.

Cependant mes yeux, habitués depuis des semaines à ce toujours pareil grand spectacle de l'aube, se tournèrent d'eux-mêmes, comme si on les eût appelés par là, vers quelque chose d'inusité qui, à un quart de lieue du fleuve, sur la rive d'Arabie, se tenait debout au milieu de la plaine morne. Un amas de hauts rochers, semblait-il d'abord; à cette heure de discrète magie, ils affectaient d'être pâlement violets, presque transparents, et le soleil, à peine émergé des déserts, les éclairait de biais, s'amusait à border leurs contours d'un frais liséré rose... Des rochers, non, car à mieux regarder, leurs lignes aussitôt s'indiquaient symétriques et droites... Pas des rochers, mais bien des masses architecturales, trop grandes et surhumaines, assises dans des attitudes de stabilité quasi éternelles et d'où sortaient deux pointes d'obélisque aiguës comme des fers de lance... Ah! oui, j'avais compris à présent : Thèbes!

Thèbes!... Hier au soir, elle était restée perdue dans la pénombre, je ne m'en croyais pas si près. Mais évidemment c'était cela, car rien d'autre au monde ne saurait produire une telle apparition. Et je saluai avec un frisson de respect la ruine unique et souveraine qui me hantait depuis nombre d'années, sans que la vie m'eût jamais laissé le temps d'y venir...

En route maintenant pour ce Louxor, qui était, à l'époque des Pharaons, un faubourg de la ville royale et qui en est resté le port aujourd'hui; c'est là, paraît-il, que l'on doit arrêter sa dahabieh, pour se rendre aux palais fabuleux que vient d'éclairer le soleil levant.

Et pendant que mon équipage de bronze — entonnant cette toujours même chanson, vieille comme l'Égypte, qui aide aux manœuvres de force — s'empresse à rentrer les chaînes qui nous tenaient à la rive, je continue de regarder l'apparition lointaine. Elle se dégage des légères buées matinales, qui peut-être me l'avaient encore magnifiée; le soleil qui monte la détaille maintenant sous sa précise lumière; elle se révèle ainsi toute meurtrie, déjetée, croulante, au milieu de sa plaine silencieuse, sur le tapis jaune de son désert. Et ce soleil qui s'élève dans une si pure splendeur, comme il l'écrase de sa jeunesse et de sa terrifiante durée! Lui, depuis déjà d'incalculables siècles de siècles, il avait pris sa même forme ronde, acquis la netteté de son disque et commencé sa promenade de chaque jour au-dessus du pays des sables, lorsqu'il vit hier surgir cette Thèbes, une tentative de magnificence qui semblait présager pour les pygmées humains un assez curieux essor, mais que nous n'avons même pas su égaler dans la suite, — et qui était du reste une chose bien frêle et dérisoire, puisque la voilà qui tombe, pour avoir duré à peine quatre négligeables millénaires.

<small></small>*

Une heure après, l'arrivée à Louxor. Et là, quelle mystification!

Ce que l'on aperçoit de deux lieues, ce qui domine tout, c'est *Winter Palace*, un hâtif produit du modernisme qui a germé au bord du Nil depuis l'année dernière, un colossal hôtel, visiblement construit en toc, plâtre et torchis, sur carcasse de fer. Deux ou trois fois plus haut que l'admirable temple pharaonique, son impudente façade se dresse, badigeonnée d'un jaune sale. Et il suffit d'une telle chose, bien entendu, pour défigurer pitoyablement tous les entours; la vieille petite ville arabe a beau être encore debout, avec ses maisonnettes blanches, son minaret et ses palmiers; le célèbre temple, la forêt des lourdes colonnes osiriennes, a beau se mirer comme autrefois dans les eaux de son fleuve, c'est fini de Louxor!

Et quelle affluence de monde ici! quand au contraire la rive d'en face semble restée si absolument désertique, avec ses étendues en sable d'or et, à l'horizon, ses montagnes couleur de cendre rose que l'on sait pleines de momies.

Pauvre Louxor! tout le long des berges il y a une rangée de ces bateaux touristes, espèces de casernes à deux ou trois étages, qui de nos jours infestent le Nil depuis le Caire jusqu'aux cataractes, — et ils sifflent, et leurs dynamos font un intolérable vacarme trépidant... Où trouver pour ma dahabieh une place un peu silencieuse, que les fonctionnaires de l'agence Cook ne viennent pas me disputer?

On n'aperçoit du reste plus rien des palais de Thèbes, où je me rendrai au déclin du jour. Nous en sommes moins près que cette nuit; l'apparition, pendant notre trajet matinal, a peu à peu reculé dans les plaines dévorées de lumière. Et puis *Winter Palace* et toutes les bâtisses neuves du quai sont là, qui bornent la vue.

※

Il est tout de même amusant, il n'y a pas à dire, ce quai modernisé de Louxor, où je débarque, à dix heures du matin, sous le clair et flambant soleil !

Dans l'alignement pompeux du *Winter Palace*, des boutiques se succèdent. On y vend tout ce dont s'affublent les touristes : éventails, chasse-mouches, casques et lunettes bleues. Et, par milliers, les photographies des ruines. En plus, la bimbeloterie du Soudan : vieux couteaux de nègre, peaux de panthère et cornes de gazelle. Même des Indiens sont venus en foule à cette foire improvisée, apporter les étoffes du Radjpoute ou du Cachemire. Et surtout il y les marchands de momies, exhibant des cercueils à mystérieuse figure, des bandelettes, des mains de mort, des dieux, des scarabées, — les mille choses inquiétantes que ce vieux sol sacré fournit depuis des siècles comme une mine inépuisable.

Le long des étalages, cherchant l'ombre des maisons ou des rares palmiers, circulent des spécimens de la ploutocratie du monde entier : habillées par les mêmes couturiers, coiffées des mêmes plumets, ayant sur le nez les mêmes coups de soleil, les filles richissimes des marchands de Chicago coudoient les Altesses. Brochant sur le tout, de jeunes bédouins effrontés proposent aux belles voyageuses leurs bourricots sellés pour dames. Et, chargés de jeter au milieu de cette Babel la note de la grâce, des bataillons Cook de l'un et l'autre sexe, éternellement empressés, défilent à longues enjambées.

Après les boutiques, continuant le quai, de grands hôtels encore, moins agressifs toutefois que *Winter Palace*, ayant eu la discrétion de ne pas s'ériger trop haut et de se badigeonner de chaux blanche à la mode arabe, même de se dissimuler dans des fouillis de palmiers.

Et enfin, voici ce colossal temple de Louxor, l'air aussi dépaysé maintenant que peut l'être, au milieu de la place de la Concorde, le pauvre obélisque dont l'Égypte nous fit cadeau.

Bordant le Nil, c'est, sur une longueur d'environ trois cents mètres, un prodigieux bocage de pierre. Aux époques d'inconcevable magnificence, cette futaie de colonnes a poussé haute et serrée, a jailli du sol avec fougue, de par la volonté d'Aménophis et du grand Ramsès. Et comme cela devait être beau, hier encore, dominant de son désarroi superbe les lointains de ce pays voué depuis des siècles à l'abandon et au silence!

Mais aujourd'hui, avec tout ce qu'on a bâti alentour, autant dire que cela n'existe plus.

Il y a une grille et des gardiens; pour entrer, il faut présenter son permis. Si encore, une fois dans l'immense sanctuaire, on trouvait la solitude! Mais non, sous les colonnades profanées un tas de gens circulent, le Bædeker en main, de ces gens qu'on a déjà vus partout, le même monde que celui de Nice ou de la Riviera. Et, comble de dérision, le tapage des dynamos vous y poursuit, car les bateaux de l'agence Cook sont là, amarrés aux berges proches.

Des colonnes par centaines, des colonnes qui sont antérieures de plusieurs siècles à celles de la Grèce et qui représentent, dans leur énormité naïve, les premières conceptions du cerveau humain; les unes, cannelées, donnent l'impression d'une gerbe de monstrueux roseaux; les autres, toutes unies et simples, imitent les tiges du papyrus et portent en guise de chapiteau son étrange fleur. — Les touristes, comme les mouches, rentrent à certains moments de la journée qu'il suffit de connaître; bientôt les clochettes des hôtels vont m'en débarrasser et l'heure méridienne me trouvera seul ici. Mais le bruit de ces dynamos, mon Dieu, qui m'en délivrera? — Oh! là-bas au fond des sanctuaires, dans la partie qui devait être le saint des saints, cette grande fresque à demi éteinte, encore à peu près visible sur le mur, combien elle est imprévue et saisissante : un Christ! un Christ nimbé de l'auréole byzantine. Il a été peint sur un grossier enduit, qui semble ajouté par des mains barbares, et qui s'effrite, laissant reparaître les hiéroglyphes d'en dessous... C'est qu'en effet ce temple, presque indestructible à force de lourdeur, a vu passer différents maîtres; il était déjà d'une antiquité légendaire à l'époque d'Alexandre le Grand, pour qui on ajouta une chapelle, et plus tard, aux premiers âges du christianisme, on utilisa un coin des ruines pour en faire une cathédrale.

— Les touristes commencent à fuir, car la sonnette du lunch les appelle aux tables d'hôte d'alentour. — En attendant qu'ils aient vidé la place, je m'occupe à suivre des bas-reliefs qui se déroulent sur une longueur de plus de cent mètres, à la base des murailles; c'est une série de petits personnages défilant tous dans le même sens, et par milliers : la procession rituelle du dieu Amon. Avec ce soin qu'avaient les Egyptiens d'inscrire toutes les choses de la vie, pour les éterniser, on retrouve ici les moindres détails d'une journée de liesse il y a trois ou quatre mille ans. Et comme cela ressemblait déjà aux réjouissances du peuple de nos jours! Sur le trajet du cortège, des bateleurs étaient rangés, des marchands de boissons, des marchands de fruits, des rôtisseurs d'oies ou de canards, et des nègres acrobates marchaient sur les mains ou se disloquaient. Quant au défilé lui-même, il était évidemment d'une magnificence que nous ne connaissons plus; oh! tout ce qu'il y avait là de musiciens et de prêtres, de corporations, d'emblèmes et de bannières! Et le dieu Amon arrivait par eau, sur le fleuve, dans sa grande nef d'or à proue relevée, que suivaient les barques de tous les autres dieux ou déesses de son ciel. La pierre rougeâtre, ciselée avec minutie, me conte tout cela comme elle l'a déjà conté à tant de générations mortes, et je crois le voir.

Plus personne bientôt, sous les colonnades, et le bruit obsédant des dynamos vient de faire silence ; midi s'approche avec sa torpeur. Tout le temple est comme brûlé de rayons, et je regarde s'accourcir sur le sol les ombres nettes projetées par cette forêt de pierres. Mais le soleil, qui tout à l'heure épandait de la gaieté et du sourire le long du quai de la ville nouvelle, au milieu du tapage des boutiquiers, des âniers et des passants cosmopolites, ici darde un feu triste, impassiblement dévorateur... Elles s'accourcissent, les ombres, — et de même tous les jours, tous les jours, puisque le ciel de ce pays ne se voile jamais, tous les jours depuis trente-cinq siècles, ces colonnes, ces frises, ce temple entier, comme un mystérieux et solennel cadran, dessine avec patience sur la terre la progression lente des heures... Vraiment, pour nous les éphémères de la pensée, cette continuité inaltérable du soleil d'Égypte a plus de mélancolie encore que les éclairages changeants et obscurcis de nos climats...

* * *

Voici enfin le temple rendu à sa solitude, et tout bruit a cessé aux alentours.

Une avenue bordée de plus hautes colonnes, dont les chapiteaux dessinent dans l'air des fleurs épanouies de papyrus, m'a conduit à un lieu fermé, presque un lieu d'épouvante, où se tient une assemblée de colosses. Deux, qui auraient bien dix mètres de haut s'ils se levaient, sont de chaque côté de l'entrée, assis sur des trônes. Les autres, rangés aux trois faces de cette cour, sont debout dans les entre-colonnements, mais font mine de vouloir en sortir d'un pas rapide et de marcher vers moi. Il en est de meurtris, qui n'ont plus de visage et ne gardent que l'attitude. Ceux qui sont restés intacts — figure blanche sous le large bonnet de sphinx — ouvrent grands les yeux et sourient.

C'était par ici jadis l'entrée principale, et ces colosses avaient mission d'accueillir les foules. Mais des décombres, d'énormes éboulis ont obstrué les grandes portes d'honneur, flanquées d'obélisques en granit rose. Et cette cour est devenue comme un lieu volontairement clos, où l'on ne voit plus rien des choses du dehors; aux instants de silence, on peut s'y abstraire de tout le modernisme environnant, et oublier la date, l'année, le siècle au milieu de ces figures géantes dont le sourire dédaigne la fuite des âges. Les granits entre lesquels on est emmuré ici — et en terrible compagnie — ne laissent paraître sur le bleu du ciel que la pointe d'un vieux minaret tout voisin : une humble greffe d'Islam, qui a poussé il y a quelques siècles parmi ces ruines, alors qu'elles dépassaient déjà leurs trois mille ans ; une petite mosquée bâtie sur des amas de débris et les protégeant de son inviolabilité. Oh ! que de trésors, sans doute, de reliques, de documents elle recouvre et garde, cette mosquée du péristyle ! — car nul n'oserait fouiller la terre sous ses saintes murailles...

De plus en plus le silence envahit le temple. Et, si les ombres courtes indiquent l'heure de midi, rien ne vient dire à quel millénaire rattacher cette heure-là : les silences et les midis pareils qu'ont vus passer les géants embusqués sous ces colonnades, qui donc les compterait ?

Tout en haut, perdus dans l'incandescence bleue, il y a des oiseaux de proie qui planent. — Or il y avait les mêmes à l'époque des Pharaons, étalant dans l'air d'identiques plumages et jetant les mêmes cris ; les bêtes et les plantes, au cours du temps, se reproduisent plus exactement que les hommes et restent inchangeables jusqu'en leurs moindres détails.

Chacun des colosses autour de moi, le port altier, une jambe en avant comme pour une marche pesante et sûre que rien n'arrêtera plus, serre avec passion dans l'un de ses poings crispés, au bout du bras musculeux, cette sorte de croix bouclée qui était en Égypte l'emblème de la vie éternelle. Et voici ce que symbolise la décision de leur allure : confiants tous dans ce pauvre hochet qu'ils tiennent en main, ils franchissent d'un pas triomphal le seuil de la mort... La « vie éternelle », le rêve de ne jamais s'anéantir, combien l'âme humaine, depuis ses origines, en aura été obsédée, surtout aux périodes où son essor eut de la grandeur ! La soumission sans révolte à l'attente d'une simple pourriture finale est la caractéristique des phases de décadence et de médiocrité.

Les trois géants pareils, à peine meurtris, qui s'alignent sur le côté Est de cette cour jonchée de blocs, représentent, comme tous les autres, le grand Ramsès II, dont l'effigie fut multipliée follement à Thèbes et à Memphis. Mais ils ont gardé, ces trois-là, une vie puissante et fougueuse. Figures aussi jeunes que si on eût achevé hier de les ciseler et de les polir, apparitions blanches entre les monstrueux piliers rougeâtres aux assises trapues, chacun sortant de son embrasure de colonnes, ils s'avancent de pair, comme des soldats aux manœuvres. Et le soleil en ce moment tombe d'aplomb sur leur tête et leur bonnet étrange, détaille leur immobile sourire, puis rejaillit sur leurs épaules et leur torse nu, exagérant leurs musculatures d'athlète. Chacun serrant en main sa croix symbolique, ils s'élancent d'un pas formidable, les trois Ramsès, tête levée, souriants, en marche radieuse vers l'éternité.

Oh! le rayon méridien, qui effleure ces fronts blancs, et déplace lentement, lentement sur les poitrines l'ombre du menton et de la barbiche osirienne!... Songer depuis combien de temps, au milieu du même silence, il tombe ainsi, ce même rayon, il tombe du même immuable ciel, pour se livrer au même jeu tranquille!... Oui, je crois que les brumes, les pluies de nos hivers, sur ces grandes ruines, seraient moins tristes et moins terrifiantes que le calme d'un si éternel soleil.

Tout à coup un bruit stupide recommence de faire tressauter l'air : les dynamos des agences ont été remises en marche. Et des dames à lunettes vertes arrivent, en un lot gracieux, portant des guide-books et des appareils à *films* : les touristes sont ressortis des hôtels, à l'heure où se réveillent aussi les mouches. La paix de midi vient de prendre fin à Louxor.

XIV

SOIR DE VINGTIÈME SIÈCLE
A THÈBES

Dans un ciel où ne passent presque jamais de nuages, flotte une poussière si impalpable qu'elle lui laisse d'infinies transparences, tout en le poudrant d'or : poussière des âges révolus, poussière des choses détruites ; ici, continuelle poussière, — dont l'or en ce moment verdit au zénith, mais flamboie du côté de l'ouest, car c'est l'heure magnifique où le jour va finir, et le globe encore brûlant du soleil, déjà descendu très bas, commence d'allumer partout l'incendie des soirs.

Il illumine en splendeur, ce soleil, un silencieux chaos de granit, qui n'est pas celui des éboulements de montagnes, mais celui des ruines. Et de telles ruines paraissent surhumaines pour nos yeux héréditairement déshabitués de proportions aussi gigantesques. Par places, des amas de blocs taillés — des pylônes — restent encore debout, s'élèvent comme des collines; d'autres ont croulé de tous côtés, en stupéfiantes cataractes de pierres, et on ne s'explique pas la déroute de ces choses, à ce point massives qu'elles auraient dû être éternelles. Tronçons de colonnes, tronçons d'obélisques brisés par des chutes effroyables, têtes ou coiffures de divinités géantes, tout gît pêle-mêle en un désarroi sans recours. Nulle part, sur notre terre, le soleil, dans sa promenade tournante, ne rencontre de pareils débris à éclairer, une pareille jonchée de palais évanouis, de colosses morts.

C'est qu'ici même, il y a sept ou huit mille ans, sous ce ciel pur comme le cristal, commença le premier éveil de la pensée humaine, tandis que notre Europe sommeillait encore, et pour des millénaires, enveloppée du manteau de ses humides forêts. Ici, une précoce humanité, encore presque fraîchement évadée de la pierre, forme antérieure de tout, une humanité enfant qui voyait lourd au sortir des lourdeurs de la matière originelle, imagina de bâtir des sanctuaires terribles, pour des dieux d'abord effrayants et vagues, tels que sa raison naissante pouvait les concevoir; alors les premiers blocs mégalithiques s'érigèrent, alors débuta cette folie d'amoncellement qui devait durer près de cinquante siècles, et les temples s'élevèrent au-dessus des temples, les palais au-dessus des palais, chaque génération voulant surpasser la précédente par une plus titanesque grandeur.

Ensuite, il y a quatre mille ans, ce fut Thèbes en pleine gloire, Thèbes encombrée de dieux et de magnificence, foyer de lumière du monde aux plus anciennes périodes historiques, tandis que notre Occident septentrional dormait toujours, que la Grèce et l'Assyrie à peine s'éveillaient, et que seule, là-bas vers l'Orient extrême, une humanité d'autre espèce, la Jaune, appelée à suivre en tout des voies différentes, venait de fixer pour jusqu'à nos jours les lignes obliques de ses toits cornus et le rictus de ses monstres.

Eux, les hommes de Thèbes, s'ils voyaient encore trop lourd et trop colossal, au moins ils voyaient droit, ils voyaient calme, en même temps qu'ils voyaient éternel; leurs conceptions, qui avaient commencé d'inspirer celles de la Grèce, devaient ensuite inspirer un peu les nôtres; en religion, en art, en beauté sous tous ses aspects, ils furent autant que les Ariens nos grands ancêtres.

Plus tard encore, seize cents ans avant Jésus-Christ, à l'une des apogées de cette ville qui connut tant de fluctuations au cours de son interminable durée, des rois fastueux voulurent faire surgir du sol, déjà chargé de temples, ce qui est encore aujourd'hui la plus saisissante merveille de ces ruines : la salle hypostyle, dédiée au dieu Amon, avec sa forêt de colonnes, monstrueuses comme des troncs de baobab et hautes comme des tours, auprès desquelles les piliers de nos cathédrales semblent ne plus compter. En ces temps-là, les mêmes dieux régnaient à Thèbes depuis trois mille ans, mais se transformaient peu à peu suivant l'essor progressif de la pensée humaine, et Amon, l'hôte de cette salle prodigieuse, s'affirmait de plus en plus comme maître souverain de la Vie et de l'Éternité. L'Égypte pharaonique s'acheminait vraiment, malgré les révoltes, vers la notion de l'unité divine, on pourrait même dire vers la notion d'une pitié suprême, puisqu'elle avait déjà son Apis, émané du Tout-Puissant, né d'une mère vierge et venu humblement ici-bas pour connaître la souffrance.

Après que Séthos Ier et les Ramsès, en l'honneur d'Amon, eurent achevé ce temple, le plus grand sans doute et le plus durable du monde, on continua encore pendant une quinzaine de siècles, avec une persistance qui ne se lassait point, à entasser alentour ces blocs de granit, de marbre, de calcaire dont l'énormité nous confond. Même pour les envahisseurs de l'Égypte, Grecs ou Romains, la ville aïeule des villes demeurait imposante et unique; ils réparaient ses ruines, ils y bâtissaient toujours des temples et des temples en un style presque immuable; jusqu'en ces époques de décadence, tout ce qui surgissait de ce vieux sol sacré s'imprégnait un peu, semblait-il, de l'antique grandeur.

Et c'est seulement quand dominèrent ici les premiers chrétiens, puis après eux les musulmans iconoclastes, que la destruction fut décidée. Pour ces croyants nouveaux qui, dans leur naïveté, se figuraient posséder l'ultime formule religieuse et connaître par son vrai nom le grand Inconnaissable, Thèbes devint le repaire des « faux dieux », l'abomination des abominations, qu'il fallait anéantir.

On se mit donc à l'œuvre, pénétrant avec crainte toutefois dans les sanctuaires trop profonds et trop sombres, mutilant d'abord les milliers de visages dont le sourire faisait peur et s'épuisant à déraciner des colosses qui sous l'effort des leviers ne bougeaient même pas. Il y avait fort à faire, car tout cela était aussi solide que les amas géologiques, rochers ou promontoires ; mais durant cinq ou six cents ans la ville resta livrée à la fantaisie des profanateurs.

Ensuite vinrent des siècles de silence et d'oubli, sous ce linceul des sables du désert qui s'épaississait chaque année pour ensevelir, et comme pour nous conserver, ce reliquaire sans égal.

Et c'est maintenant, enfin, l'exhumation de Thèbes, son retour à un semblant de vie, — maintenant que notre humanité occidentale, après un cycle de sept ou huit millénaires, partie des dieux primitifs d'ici pour aboutir à la conception chrétienne qui, hier encore, la faisait vivre, est en voie de tout renier, et se débat devant l'énigme de la mort, dans une obscurité plus lugubre et plus effarante qu'au commencement des âges, avec la jeunesse en moins. De tous les points de l'Europe, des inquiets, des curieux, ou de simples oisifs reviennent à Thèbes, la ville mère; on déblaye pieusement ses restes, on s'ingénie à retarder ses écroulements énormes, on fouille son vieux sol recéleur de trésors.

Et ce soir, sur une de ces portes où je viens de monter, — celle qui s'ouvre au nord-ouest et termine la plus colossale artère de temples et de palais, — plusieurs groupes très divers ont déjà choisi leur place, après le pèlerinage du jour dans les ruines. D'autres encore se hâtent vers l'escalier que nous venons de prendre, pour ne pas manquer le grand spectacle du soleil, se couchant toujours avec sa même sérénité, sa magnificence inaltérable, sur la ville qui lui fut jadis consacrée.

Des Français, des Allemands, des Anglais; on les voit en bas sortir comme des pygmées de la salle hypostyle et s'acheminer vers nous, bien mesquins et pitoyables sous leurs costumes de voyageurs vingtième siècle, dans l'avenue où défilèrent tant de cortèges de dieux et de déesses. C'est pourtant la seule fois peut-être où l'un de ces attroupements de touristes, dont l'Égypte s'encombre de plus en plus, ne me semble pas trop ridicule : parmi ces groupes d'inconnus, personne qui ne soit recueilli ou ne fasse mine de l'être, et il y a quelque bonne grâce, même quelque grandeur d'humilité dans le sentiment qui les a conduits vers la ville d'Amon, et dans l'hommage de leur silence.

Nous sommes si haut sur cette porte, que l'on se croirait plutôt sur une tour, et les pierres frustes dont elle fut bâtie sont démesurément grandes. D'instinct, chacun s'est assis face au soleil rouge, — par conséquent face aux lointains des champs et du désert.

Devant nous, sous nos pieds, une avenue s'en va, prolongeant vers la campagne le faste de la ville morte, une avenue bordée de béliers monstres, plus gros que des buffles, tous accroupis en deux rangées parallèles, dans la même pose hiératique sur leur socle; elle finit là-bas, l'avenue, à une sorte d'embarcadère qui jadis donnait sur le Nil, et où le dieu Amon, porté et suivi par de longues théories de prêtres, venait chaque année prendre sa barque d'or pour une solennelle promenade; mais elle ne mène plus aujourd'hui qu'à des champs de blé, car le fleuve a fui peu à peu, depuis des siècles et des siècles, pour aller passer à mille mètres plus loin, vers la Lybie.

On l'aperçoit là-bas, le vieux Nil sacré, entre les bouquets de palmiers de ses bords, serpentant comme une coulée de vermeil, qui reste étonnamment pâle, avec même des luisants bleuâtres, à cette heure d'universelle incandescence. Et, sur l'autre rive, d'un bout à l'autre de l'horizon occidental, s'étend la chaîne Libyque, derrière laquelle est près de plonger le soleil : chaîne de calcaire rose, desséchée depuis les origines du monde, — sans rivale pour la conservation à perpétuité des morts, et que les Thébains perforèrent jusqu'en ses extrêmes profondeurs pour l'emplir de sarcophages.

On regarde le soleil descendre. Mais on se retourne aussi pour voir, derrière soi, les ruines, à cet instant traditionnel de leur apothéose. Thèbes, l'immense ville-momie, on dirait qu'elle vient d'être tout à coup incendiée, — comme si ses vieilles pierres pouvaient encore brûler; tous ses blocs, effondrés ou debout, ont l'air d'avoir été soudain rougis au feu...

De ce côté, la vue embrasse aussi de grands lointains paisibles; au delà des derniers pylônes, en dehors des remparts croulants, la campagne, là-bas derrière la ville, se déploie pareille à celle d'en face; les mêmes champs de blé, les mêmes bois de dattiers faisant aux ruines une ceinture de palmes vertes; et tout au fond, une chaîne de montagnes s'illumine, devient d'une vive couleur de corail; la chaîne du désert arabique, orientée parallèlement à celle du désert de Libye tout le long de la vallée du Nil, — qui se trouve ainsi, de droite et de gauche, sous la garde des pierres et du sable étendus en solitudes profondes.

Dans tous les entours que l'on domine d'ici, rien ne précise nos temps modernes. Çà et là, parmi les palmiers, seulement quelques villages de laboureurs, dont les maisons en terre séchée doivent être les mêmes qu'aux temps pharaoniques. Les profanateurs contemporains ont jusqu'ici respecté la désuétude infinie de ce lieu; pour les touristes qui commencent à le hanter, on n'a pas osé encore bâtir d'hôtel.

Le soleil descend, descend, et derrière nous les granits de la ville-momie semblent de plus en plus brûlants; il est vrai, un peu d'ombre d'une nuance chaude, d'un violet d'amarante, envahit les bases, s'épand le long des avenues et sur les places; mais tout ce qui monte dans le ciel, frises des temples, chapiteaux des colonnes, pointes aiguës des obélisques, demeure rouge comme braise; tout cela s'imbibe de lumière, pour continuer de resplendir encore et d'*éclairer rose* jusqu'à la fin du crépuscule.

C'est l'heure glorieuse même pour cette vieille poussière d'Égypte, qui imprègne éternellement l'air tout en le gardant limpide, — et qui sent l'aromate, le bédouin, le bitume de sarcophage; voici qu'elle va jouer le rôle de ces poudres en différentes couleurs d'or, dont les Japonais se servent pour les fonds de leurs paysages sur laque; elle se révèle partout, auprès et sur l'horizon, modifiant à son gré et métallisant la teinte des choses; la fantaisie de ses changements est inimaginable; jusque dans les lointains de la campagne, elle s'amuse à indiquer, par de petits nuages d'or en traînée, les moindres sentiers où cheminent des troupeaux.

Et maintenant le disque du Dieu de Thèbes achève de disparaître sous les montagnes de Libye, après avoir passé du rouge au jaune et du jaune au vert des phosphorescences.

Les touristes alors, jugeant que la féerie a pris fin pour cette fois, redescendent, s'apprêtent à partir; les uns en voiture, les autres à âne, ils vont aller se retremper d'électricité et d'élégance dans les hôtels de Louxor, la ville proche. (*Wines and spirits are paid for as extras*, et l'on dîne en habit.) Et la poussière daigne aussi marquer leur exode par une dernière envolée d'or sous les palmiers du chemin.

Un recueillement immédiat succède à leur départ. Au-dessus des villages fellahs aux maisons de terre, on voit s'élever de minces fumées, qui sont d'un bleu pervenche au milieu de l'air encore jaune; elles disent l'humble vie de ces foyers, là même où, dans le recul des âges, furent tant de palais et de splendeurs.

Et les premiers aboiements des chiens de garde annoncent déjà l'imprécise inquiétude des soirs autour des ruines. Donc, plus personne dans la ville-momie, qui, semble-t-il, vient tout à coup de grandir encore sous le silence; très vite elle se drape de son ombre violette, bien que l'extrême pointe de ses obélisques conserve encore un peu de rose incandescent. On a l'impression que le souverain mystère l'envahit, comme si de vagues choses-fantômes allaient essayer de s'y passer...

XV

À THÈBES, LA NUIT

Presque le sentiment d'avoir été soudain rapetissé pour entrer là, mais rapetissé au-dessous de la taille humaine, — tant les proportions de ces ruines vous écrasent, — et l'illusion aussi que la lumière, au lieu de s'éteindre avec le soir, a seulement changé de couleur pour devenir bleue : c'est ce que l'on éprouve, par une claire nuit d'Égypte, en se promenant à Thèbes entre les colonnades du grand Temple.

Le lieu est d'ailleurs si particulier et si terrible, que son nom s'imposerait tout de suite à l'esprit, même si l'on ne savait pas : l'hypostyle chez le dieu Amon, cela ne pourrait être autre chose. Elle reste unique au monde, cette salle, comme sont uniques la grotte de Fingal ou l'Himalaya.

⁎⁎⁎

Errer absolument seul, la nuit, dans Thèbes, nécessite, durant la saison d'hiver, un peu de ruse et la connaissance de la routine des touristes. Il faut d'abord choisir un soir qui ait des heures sans lune, et puis entrer avant la tombée du jour et se faire oublier des gardes bédouins qui ferment les portes au crépuscule. Ainsi ai-je manœuvré aujourd'hui, et tranquille, observant de haut, dans une cachette, j'ai attendu, avec la patience d'un Osiris de pierre, que la grande féerie des couchers de soleil ait été jouée une fois de plus sur les ruines. Thèbes, presque animée dans le jour par ses visiteurs, par ses escouades de fellahs qui travaillent avec des chansons aux déblayements et aux fouilles, s'est vidée peu à peu, à mesure que ses monstrueux sanctuaires bleuissaient par la base. On apercevait les gens, à la file comme des traînées de fourmis, s'en allant tous par la porte Occidentale, entre les pylônes des Ptolémées, et les derniers avaient disparu avant que les lueurs rouges eussent fini de mourir à l'extrême pointe des obélisques.

Il semblait voir le silence et la nuit arriver ensemble, du fond du désert arabique, s'avancer de pair dans la plaine, s'étaler comme une rapide tache d'huile, gagner la ville de l'est à l'ouest, pour l'envahir très vite depuis le sol jusqu'au faîte des temples. Et cette marche de l'ombre était infiniment solennelle.

Aux premiers moments, oui, on pouvait croire que ce serait de la vraie nuit comme dans nos climats, et on se sentait inquiet au milieu de ce fouillis de trop grandes pierres, qui aurait pu devenir inextricable dans l'obscurité. Oh! l'horreur de ces éboulements de Thèbes, si l'on s'y égarait, n'y voyant plus!... Mais non, l'air conservait de telles transparences et les étoiles bientôt scintillaient si vives que l'on continuait de distinguer presque aussi bien toutes choses.

Et même, à présent qu'est passée la transition entre le jour et la nuit, les yeux s'habituent à l'étrange clarté bleue qui persiste, à tel point que l'on croirait tout à coup avoir acquis les prunelles d'un chat; il semble seulement que l'on regarde à travers une vitre fumée qui changerait en un bleuâtre uniforme toutes les nuances de ce pays fauve.

Donc, me voici seul chez les Pharaons pour deux ou trois heures, car les touristes, que des voitures ou des bourricots ramènent en ce moment vers les hôtels de Louxor, ne reviendront que très tard, quand la pleine lune sera levée et donnera son grand éclairage sur les ruines. Mon poste pour attendre était en haut des éboulis, au bord de ce lac sacré d'Osiris dont l'eau morte et si enclose est étonnante de rester toujours là depuis tant de siècles, — et continue sans doute de recéler des trésors qu'on lui a confiés les jours de tueries et de pillages, quand les armées des rois perses ou nubiens forçaient les épaisses murailles alentour.

En quelques minutes, au fond de cette eau, des semblants d'étoiles viennent de s'allumer par milliers; symétriquement aux véritables qui palpitent déjà partout dans le ciel. Un froid subit se répand sur la ville-momie, dont les pierres restent encore chaudes, à force de s'être imprégnées de soleil, mais vont se refroidir aussi très vite dans tout ce bleu nocturne qui les enveloppe comme un linceul. Je suis maintenant libre d'errer où je veux, sans risquer de rencontres, et je vais descendre, par ces marches que me font les granits, éboulés de toutes parts en escaliers comme pour géants. Sur les surfaces chavirées, mes mains rencontrent les creux profonds et nets des hiéroglyphes, ou bien ces inévitables personnages inscrits de profil, qui tous lèvent les bras pour se faire entre eux des signes; en arrivant en bas, je suis accueilli par une rangée de statues au visage brisé, assises sur des trônes, et, sans encombre, reconnaissant tout à travers les transparences bleutées qui tiennent lieu de jour, je parviens à la grande avenue des palais d'Amon.

Nous n'avons rien sur terre d'un peu comparable à cette avenue-là, que des multitudes passives ont mis près de trois mille ans à construire, épuisant de siècle en siècle leurs forces innombrables pour charrier des pierres que nos machines ne remueraient plus, et toujours, toujours allongeant ces perspectives de pylônes, de colosses, d'obélisques; toujours, toujours continuant cette même artère de temples et de palais dans la direction du vieux Nil, — qui, lui, par contre, reculait lentement de siècle en siècle vers la Libye. C'est ici, et la nuit surtout, que l'on subit cette impression d'avoir été rapetissé à une taille de pygmée : de tous côtés se dressent des monolithes, puissants comme des roches, et il faut faire vingt pas pour longer une seule pierre de base. Et puis ces blocs sont vraiment trop resserrés pour l'énormité de leur masse, ils ne laissent pas entre eux assez d'air, ils vous troublent par leur rapprochement, peut-être plus encore que par leur lourdeur.

L'avenue, que j'ai suivie vers l'est, aboutit à l'un des chaos de granit les plus déconcertants qui soient à Thèbes : la salle des fêtes de Thoutmosis III. Comment étaient les fêtes qu'il donnait là, ce roi, dans cette forêt de piliers trapus, sous ces plafonds dont la moindre pierre, si elle tombait, écraserait vingt hommes ! Par places, des frises, des colonnades, qui semblent presque diaphanes dans l'air, se dessinent encore en haute magnificence, bien alignées sur le ciel plein d'étoiles. Ailleurs la destruction est stupéfiante : pêle-mêle gisent les tronçons, les entablements, les bas-reliefs, comme un semis d'épaves après la fureur de quelque tempête mondiale. C'est qu'il n'a pas suffi de la main des hommes pour culbuter ces choses, les tremblements de terre, à plusieurs reprises, ont aussi secoué ce palais de cyclope qui menaçait d'être éternel. Et tout cela — qui représente une telle débauche de force, de mouvement, d'impulsion, pour avoir été érigé et pour avoir été détruit, — tout cela reste tranquille ce soir, oh! si tranquille, bien que déjeté comme pour des chutes imminentes, tranquille à jamais, dirait-on, figé dans le froid et dans la nuit.

Le silence d'un tel lieu, je l'avais prévu, mais pas les bruits que je commence d'y entendre... C'est d'abord une orfraie qui prélude au-dessus de ma tête, si près de moi qu'elle me tient frémissant toute la durée de son long cri. Ensuite d'autres voix répondent du fond des ruines, voix très variées, mais toutes sinistres; les unes ne savent que miauler sur deux notes traînantes; il y en a qui glapissent comme font les chacals autour des cimetières, et d'autres enfin imitent le bruit d'un ressort d'acier qui lentement se détendrait. C'est d'en haut toujours que vient le concert; hiboux, orfraies ou chouettes, toutes les espèces d'oiseaux qui ont le bec crochu, l'œil rond, l'aile de soie pour voler sans bruit, habitent parmi les granits lourdement soutenus en l'air, et célèbrent, chacun à sa guise, la fête nocturne : appels intermittents, longues plaintes si tristes, qui s'enflent ou bien qui s'étranglent et frissonnent... Et puis, malgré la sonorité des grandes parois droites, malgré les échos qui prolongent, le silence s'obstine à revenir, et c'est décidément lui, le silence, qui reste le vrai maître, à cette heure, dans ce royaume du colossal, de l'immobile et du bleuâtre, — un silence que l'on sent infini, parce qu'on sait qu'il n'y a rien autour de ces ruines, rien que le déploiement des sables morts, le seuil des déserts.

Je retourne sur mes pas vers l'ouest, vers l'hypostyle, toujours par l'avenue des monstrueuses splendeurs, prisonnier et comme amoindri entre les rangées des souveraines pierres. Des obélisques sont là, renversés ou debout; l'un pareil à ceux de Louxor, mais de beaucoup plus haute taille, est demeuré intact et dresse vers le ciel sa pointe vive; d'autres, plus inconnus dans leur simplicité exquise, sont tout unis et droits de la base au sommet, avec seulement, en relief, des fleurs gigantesques de lotus qui montent au bout de longues tiges pour aller en haut s'épanouir dans la demi-lueur versée par les étoiles. Quand le passage se resserre et devient plus obscur, parfois il faut marcher à tâtons; alors mes mains rencontrent à nouveau les éternels hiéroglyphes partout inscrits, ou bien les jambes de quelque colosse assis sur un trône. Elles sont encore presque chaudes, les pierres, tant le soleil a dardé ici tout le jour. Et certains granits, tellement durs que nos ciseaux en acier ne les tailleraient plus, ont gardé leur poli malgré les siècles, à ce point que les doigts glissent en les touchant.

On n'entend plus rien; finie, la musique des oiseaux de nuit. En vain on écoute, attentif jusqu'à pouvoir compter les pulsations de ses propres artères : rien, pas même un bruissement d'insecte. Tout est muet, tout est spectral, et, malgré cette tiédeur persistante des pierres, l'air de plus en plus froid donne l'impression que tout se glace définitivement comme dans la mort.

Tant de silence, ici, tant de silence depuis des siècles, après tant de bruit que les hommes y ont fait jadis, sans aucune cesse, durant trois ou quatre millénaires, tant de clameurs que les multitudes y ont jetées, tant de cris de triomphe ou d'angoisse, tant de râles d'agonie... D'abord le halètement de ces travailleurs attelés par milliers, s'épuisant de génération en génération, sous les ardents soleils, à traîner et à superposer ces pierres dont l'énormité nous confond. Et puis les prodigieuses fêtes, le chant des longues harpes, la sonnerie des trompettes d'airain. Ou encore les égorgements, les batailles, quand Thèbes était la grande et unique capitale du monde, objet d'épouvante et de convoitise pour les rois des peuples barbares qui commençaient de s'éveiller alentour; les symphonies des sièges et des pillages, en ces jours où les primitifs soldats hurlaient comme avec des gosiers de bêtes... Se rappeler cela ici même, et par une si calme nuit bleue!... Les parois en granit de Syène, sur lesquelles se posent mes mains d'un jour, songer à tous les êtres qui en passant les ont touchées, s'y sont meurtris dans les luttes suprêmes, sans érailler seulement le poli de ces surfaces immuables!...

Maintenant j'arrive à l'hypostyle du temple d'Amon, et un peu de terreur m'arrête d'abord au seuil. En pleine nuit, trouver cela devant soi, il y a de quoi reculer... Sans doute c'est quelque salle pour Titans, restée depuis les âges fabuleux, maintenue debout à travers les durées par sa lourdeur même, comme les montagnes. Rien d'humain n'est aussi grand. Nulle part sur terre les hommes n'ont conçu des demeures pareilles. Des colonnes, des colonnes, plus hautes et plus grosses que des tours, par trop accumulées, sont voisines les unes des autres jusqu'à l'étouffement, et montent pour soutenir en plein ciel des traverses de pierre que l'on n'ose pas regarder. Avancer là dedans, on hésite; on se croit devenu infime et facile à écraser comme un insecte. Le silence tout à coup est trop solennel. Les étoiles, par toutes les trouées des effroyables plafonds, semblent vous envoyer leurs scintillements dans un abîme. Il fait froid, il fait clair et il fait bleu...

La travée centrale de cette hypostyle est dans l'axe même de la voie que je suivais depuis les quartiers de Thoutmosis; elle prolonge, elle magnifie comme en apothéose cette toujours même avenue, pour les dieux et les rois, qui fut la gloire de Thèbes et qui n'a pu être égalée dans la suite des âges; les colonnes qui la bordent sont tellement géantes [1] que leurs têtes, formées de mystérieux pétales épanouis, si loin au-dessus du sol où l'on va rampant, baignent en plein dans la diffuse clarté de là-haut. Et, entourant comme une forêt terrible cette sorte de nef, un amas de colonnes encore s'enchevêtre des deux côtés; des colonnes monstres, d'un style plus perdu, dont les chapiteaux se ferment au lieu de s'ouvrir, imitant les boutons de quelque fleur qui ne s'épanouira jamais; soixante à droite, soixante à gauche, trop rapprochées pour leur grosseur, elles se serrent comme une futaie de baobabs qui manquerait d'espace, elles donnent un sentiment d'oppression sans possible délivrance, de lourde et morne éternité.

Et c'était dans ce lieu surtout que j'avais souhaité me promener seul, sans même le garde bédouin qui la nuit se croit obligé de suivre les

[1]. Dix mètres de tour et environ vingt-cinq mètres de hauteur, chapiteau compris.

visiteurs. — Mais voici que de plus en plus il y fait clair. Trop clair, car des phosphorescences bleues, venues de l'horizon oriental, commencent de se glisser à travers les opacités des colonnades de droite, contournant les fûts massifs et les détaillant par de vagues luisances des bords : donc, c'est déjà la pleine lune qui se lève, hélas! et mes heures de solitude vont finir...

.*.

La lune! Soudain les pierres du faîte, les couronnements, les formidables frises s'éclairent de rayons bien nets, et çà et là, sur les bas-reliefs circulaires des piliers, apparaissent des traînées lumineuses qui révèlent les dieux et les déesses inscrits en creux dans la pierre. Ils veillaient par myriades autour de moi, ces personnages, et je le savais. — Coiffés tous de disques ou de grandes cornes, ils se regardent les uns les autres, tenant les bras levés, éployant leurs longs doigts, en appel de causerie. Ils sont sans nombre, ces dieux aux gesticulations éternelles; on est obsédé d'en voir se dessiner tant et tant, qui voudraient se dire des mots secrets mais qui gardent le silence, et dont les mains ont des attitudes si agitées mais ne remuent pas. Et des hiéroglyphes répétés à l'infini vous enveloppent de tous côtés comme d'une multiple trame de mystère.

De minute en minute, tout se précise dans des rigidités plus mortes. Les rayons froids et durs pénètrent maintenant de part en part l'immense ruine, séparant d'un trait incisif les lumières et les ombres. Moins que tout à l'heure, bien moins que pendant l'incertaine fantasmagorie bleue, on sent que ces pierres, lasses des durées, peuvent être pensives encore et se souvenir. Sous cet éclairage précis et pâle, Thèbes, de même que le jour sous le feu du soleil, a perdu momentanément ce qui lui restait d'âme, elle vient de reculer davantage au fond des temps et ne vous apparaît plus que comme un trop gigantesque fossile qui seulement étonne et épouvante.

Du reste, des gens vont venir, attirés par cette lune. A une lieue d'ici, à Louxor, dans les hôtels, je devine bien qu'ils ont quitté les tables en hâte, de peur de manquer le spectacle célèbre. Pour moi donc, c'est le temps de battre en retraite, et par la grande avenue toujours, je me dirige vers les pylônes des Ptolémées, où les gardiens de nuit se tiennent.

Ils sont déjà occupés, ces bédouins, à ouvrir les grilles pour des touristes qui ont montré leurs permis et qui apportent des kodaks, du magnésium pour faire des éclairs dans les temples, tout un attirail.

Plus loin, quand j'ai repris le chemin de Louxor, je ne tarde pas à croiser, sous des palmiers qui sont là et sur des sables, la foule, le gros des arrivants; une suite de voitures, du monde à cheval, du monde à bourricot; des éclats de voix en toutes sortes de langues non égyptiennes. C'est à se demander : Que se passe-t-il? Un bal, une fête, un grand mariage? — Non. Tout simplement il y a pleine lune cette nuit, à Thèbes, sur les ruines.

XVI

THÈBES AU SOLEIL

Deux heures de l'après-midi. Un feu blanc, un feu mauvais tombe du ciel que pâlit un excès de lumière. Un soleil hostile aux hommes de nos climats surchauffe l'énorme ossature rougeâtre, émiettée par places, qui reste de Thèbes, — et qui gît là comme la carcasse d'une bête géante, morte sur le sable du désert depuis déjà des milliers d'années, mais trop massive pour jamais complètement s'anéantir.

Dans l'hypostyle, un peu d'ombre bleuit derrière les monstrueux piliers, mais de l'ombre poussiéreuse, de l'ombre chaude. Elles sont chaudes, les colonnes; tous les blocs sont chauds, — et cependant c'est l'hiver, avec des nuits froides qui devraient tout glacer. Chaleur et poussière; poussière rousse, qui sur les ruines de la Haute

Égypte pèse en nuage éternel, exhalant une odeur d'aromate et de momie.

Avoir si chaud, cela augmente la sensation rétrospective de fatigue, qui vous prend à regarder ces pierres trop lourdes pour les forces humaines et accumulées en montagnes; presque il semble que l'on soit de part dans les efforts, les épuisements, les sueurs de ce peuple aux muscles d'acier tout neuf, qui pour charrier et entasser de telles masses dut s'asservir durant trente siècles.

Ces pierres, elles aussi, disent la fatigue; la fatigue de s'accabler les unes sous le poids des autres depuis des millénaires; la souffrance d'avoir été taillées trop exactement, et trop bien juxtaposées, au point d'être comme rivées ensemble par leur seule lourdeur. Oh! celles d'en bas, qui soutiennent la charge des empilements formidables!...

Et l'ardente couleur de ces choses vous surprend; elle a persisté. Sur les grès rouges de l'hypostyle, les peinturlures d'il y a plus de trois mille ans se voient encore; en haut surtout de la travée milieu, presque dans le ciel, les chapiteaux en forme de grandes fleurs ont gardé les bleus de lapis, les verts, les jaunes dont furent bariolés jadis leurs étranges pétales.

Décrépitude, émiettement, poussière... Au plein soleil, sous le magnifique éclairage de la vie, on voit bien que tout cela est mort, mais mort depuis des temps que l'imagination ne peut pas se représenter. Et le délabrement apparaît plus irrémédiable ; çà et là des réparations impuissantes et comme enfantines, faites aux époques anciennes de l'histoire, par les Grecs, par les Romains ; des colonnes rapiécées, des trous bouchés avec du ciment ; mais les grands blocs sont en désarroi, et on sent, jusqu'à en être obsédé, l'impossibilité à jamais de remettre en ordre ce chaos d'écrasantes choses éboulées, eût-on même à son service des légions de travailleurs, et des machines, — et des siècles devant soi pour accomplir la besogne.

Et puis, ce qui surprend et oppresse, c'est le peu d'espace libre, le peu de place qui restait pour les foules, dans des salles pourtant immenses : entre les murailles, tout était encombré par les piliers ; les temples étaient à moitié remplis par leurs colossales futaies de pierres. C'est que les hommes qui bâtirent Thèbes vivaient au commencement des temps et n'avaient pas encore trouvé cette chose qui nous paraît aujourd'hui si simple : la voûte. Ils étaient cependant de merveilleux précurseurs, ces architectes ; déjà ils avaient su dégager de la nuit quantité de conceptions qui sans doute, depuis les origines, sommeillaient en germe inexplicable dans le cerveau humain : la rectitude, la ligne droite, l'angle droit, la verticale, dont la nature ne fournit nul exemple ; même la symétrie, qui à bien réfléchir s'explique moins encore, la symétrie, qu'ils employaient avec maîtrise, sachant aussi bien que nous tout l'effet qu'on peut obtenir par la répétition d'objets semblables placés en *pendant* de chaque côté d'un portique ou d'une avenue. Mais la voûte, non, ils n'avaient pas inventé cela; alors, comme il y avait pourtant une limite à la grandeur des dalles qu'ils pouvaient poser à plat comme des poutres, il leur fallait ces profusions de colonnes pour soutenir là-haut leurs plafonds effroyables; — c'est pourquoi il semble que l'air manque, il semble que l'on étouffe au milieu de leurs temples, dominés, obstrués par la rigide présence de tant de pierres. Et encore, on y voit clair aujourd'hui là dedans; depuis que sont tombées les roches suspendues qui servaient de toiture, la lumière descend à flots partout. Mais jadis, quand une demi-nuit régnait à demeure dans les salles profondes, sous les immobiles carapaces de grès ou de granit, tout cela devait paraître si lourdement sépulcral, définitif et sans merci comme un gigantesque palais de la Mort! — Un jour par année cependant, ici à Thèbes, un éclairage d'incendie pénétrait de part en part les sanctuaires d'Amon, car l'artère milieu est ouverte au nord-ouest, orientée de telle façon qu'une fois l'an, une seule fois, le soir du solstice d'été, le soleil à son coucher y peut plonger ses rayons rouges; au moment où il élargit son disque sanglant pour descendre là-bas derrière les désolations du désert de Libye, il arrive dans l'axe même de cette avenue, de cette suite de nefs, qui a huit cents mètres de longueur. Jadis donc, ces soirs-là, il glissait horizontalement sous les plafonds terribles, — entre ces piliers alignés qui sont hauts comme notre colonne Vendôme, — puis venait jeter pour quelques secondes ses teintes de cuivre en fusion jusque dans l'obscurité du saint des saints. Et alors tout le temple retentissait d'un fracas de musique; au fond des salles interdites, on célébrait la gloire du dieu de Thèbes.

* * *

Comme un nuage, comme un voile, la continuelle poussière rousse flotte partout sur les ruines, et, au travers, le soleil çà et là dessine de longues rayures blanches. La poussière d'Égypte, on dirait même qu'en un point de la grande avenue, derrière les obélisques, elle se lève en tourbillons, comme ferait une fumée. — C'est que là sont assemblés aujourd'hui les travailleurs de bronze qui, chaque jour, sans trêve, fouillent ce vieux sol sacré; bien infimes, presque négligeables auprès de tels monolithes, ils creusent, ils creusent; patiemment ils déblayent, et la terre s'en va par petits paquets, dans des séries de paniers que des enfants emportent en formant la chaîne. Les alluvions périodiques du Nil et les sables charriés par le vent du désert avaient élevé le sol d'environ six mètres depuis les temps où Thèbes a cessé de vivre; mais de nos jours on a entrepris la tâche de rétablir l'antique niveau. A première vue, cela semblait infaisable, et cependant ils en viendront à bout, même avec leurs moyens naïfs, ces travailleurs fellahs qui accomplissent en chantant leur incessante besogne de fourmis. Voici bientôt le grand hypostyle déblayé — et ses colonnes, qui paraissaient déjà effrayantes, découvertes à présent jusqu'à la base, ont gagné encore vingt pieds de hauteur ; quantité de colosses, qui gisaient endormis sous ce linceul de terre et de sable, ont été retrouvés, remis debout, et viennent de reprendre, pour une nouvelle période de quasi-éternité, leur faction aux intimidants carrefours ; d'année en année, la ville-momie s'exhume un peu plus, à grand effort, se repeuple de dieux et de rois longtemps cachés [1]... On creuse toujours, — et à peine sait-on à quelle profondeur descendent les débris et les ruines : Thèbes avait duré tant de siècles, la terre ici est tellement pénétrée de passé humain que, sous les plus vieux temples connus, on constate qu'il y en avait d'autres, plus vieux encore et plus massifs, que l'on ne soupçonnait pas et dont l'âge dépasserait huit mille ans...

Malgré l'ardent soleil, malgré les tourbillons de poussière soulevés par les coups de pioche, on

[1]. On sait que l'entretien des monuments antiques de l'Égypte et leur restauration dans la mesure du possible restent confiés aux soins des Français. M. Maspero a délégué à Thèbes un artiste et un érudit, M. Legrain, qui y consacre passionnément sa vie.

s'attarderait des heures, parmi les fellahs poudreux et maigres, à suivre des yeux les fouilles dans ce sol unique au monde, où tout ce que l'on voit reparaître est surprise et trouvaille, où la moindre pierre taillée eut un passé de gloire, fit partie des premières splendeurs architecturales, fut *une pierre de Thèbes!* Au fond des tranchées qui s'élargissent, à chaque instant quelque chose brille : c'est le flanc poli d'un colosse en granit de Syène, ou bien un petit Osiris de cuivre, les débris d'un vase, un bijou d'or sans prix, ou même une simple perle bleue qui tomba du collier de quelque suivante des reines.

Cette activité de fossoyeurs, qui seule ranime certains quartiers pendant le jour, finit au coucher du soleil ; chaque soir, les fellahs maigres reçoivent la solde de leur travail, s'en vont gîter aux silencieux environs, dans des huttes en terre, et on referme derrière eux les grilles des portes. La nuit, à part les gardiens de l'entrée, personne n'habite les ruines.

Émiettement, poussière... Autour de ces palais et de ces temples de l'artère centrale, qui sont les plus conservés et se tiennent orgueilleusement debout, très loin de tous côtés des espaces mornes s'étendent, où, du matin au soir, darde une lumière implacable. Là, parmi les grêles plantes désertiques, des blocs gisent au hasard, restes de sanctuaires dont jamais plus on ne démêlera le plan ni la forme ; mais sur ces pierres, des fragments de l'histoire du monde se lisent encore, en hiéroglyphes précis.

Dans l'ouest de la salle hypostyle, une région est semée de disques tous égaux et pareils ; on dirait, sur un damier pour Titans, des pions qui auraient dix mètres de tour, — et ce sont les morceaux épars, les tranches d'une colonnade des Ramsès. Plus loin, la terre semble avoir été passée au feu ; on marche sur des scories noirâtres où restent incrustés des boulons d'airain, des parcelles de verre fondu, — et c'est le quartier qu'incendièrent les soldats de Cambyse. Ils furent du reste grands destructeurs de la ville-reine, ces soldats perses ; pour anéantir les obélisques et les immuables colosses, ils avaient imaginé de les flamber en allumant des bûchers alentour, et puis, quand ils les voyaient brûlants, ils les inondaient d'eau froide : alors du haut en bas les granits se fendaient.

On sait combien Thèbes s'étendait largement, ici sur cette rive droite du Nil où résidaient les Pharaons, et en face, sur la rive libyque consacrée aux faiseurs de momies et aux temples funéraires. Aujourd'hui, à part ces grands palais du centre, ce n'est plus guère qu'une jonchée de débris, et les longues avenues, que bordent des suites infinies de sphinx ou de béliers, vont se perdre on ne sait où, ensevelies sous les sables.

De loin en loin cependant, au milieu de ces cimetières de choses, un temple reste debout, conservant même ses saintes ténèbres sous l'épaisseur de sa carapace de caverne. L'un, où se rendaient de célèbres oracles, est, plus encore que les autres, emprisonnant et sépulcral dans son éternelle pénombre ; en haut d'une muraille, s'ouvre le trou noir d'une espèce de grotte, à laquelle conduisait un couloir secret venant des profondeurs ; c'est par là qu'apparaissait le visage du prêtre chargé de prononcer les paroles sibylliques — et le plafond de sa niche est tout enfumé encore par la flamme de sa lampe, éteinte depuis plus de deux mille ans !...

* * *

Tant de ruines qui émergent à peine des sables de ce désert, et, dans ce vieux sol desséché, tant d'étranges trésors qui dorment ! Quand le soleil éclaire ainsi les tristes lointains, quand on aperçoit jusqu'aux horizons le déploiement de ces champs de la mort que les siècles ne parviennent pas à niveler, c'est l'heure où l'on imagine un peu mieux, par la vue d'ensemble, ce que fut Thèbes : reconstituée en songe, elle apparaît excessive, fougueuse et multiple, comme ces floraisons du monde antédiluvien que des fossiles nous révèlent. A côté de cela, combien s'amoindrissent nos villes modernes, nos hâtifs petits palais, nos stucs et nos ferrailles !

Et si mystique, cette ville d'Amon, avec les ténèbres de ses sanctuaires qu'habitaient les dieux et les symboles ! Tout le sublime élan primesautier de l'âme humaine vers l'Inconnaissable s'est comme pétrifié dans ces ruines, en des formes démesurées et diverses, pour venir jusqu'à nous et nous confondre. Comparés à ce peuple, qui ne rêvait que d'éternité, nous sommes, nous, les vieillis et les mesquins, ceux que bientôt n'inquiétera même plus le pourquoi de la vie, de la pensée et de la mort. De tels débuts présageaient quelque chose de plus grand certes que nos humanités d'aujourd'hui, vouées aux désespérances, aux alcools et aux explosifs.

Émiettement, poussière... Ce même soleil sur Thèbes est là chaque jour, qui dessèche, effrite, fendille et pulvérise.

A la place de tant de magnificences, il y a quelques champs de blé, en nappes vertes, disant la reprise de l'humble vie du labour. Surtout il y a les sables, qui viennent à présent jusqu'au seuil des [Pharaons, il y a le jaune désert, il y a le monde des miroitements et du silence qui s'approche comme une lente marée pour engloutir. Dans ces lointains, où du matin au soir tremblent des mirages, là-bas vers la chaîne d'Arabie, l'ensevelissement est déjà presque achevé; les pauvres pierres croulantes que l'on voit encore un peu partout, émergeant à peine des dunes en marche, sont les restes de ce que les hommes, dans leurs révoltes superbes d'autrefois contre la mort, avaient su faire le plus lourdement indestructible.

Et ce soleil, toujours ce soleil, qui promène sur Thèbes l'ironie de sa durée, — pour nous si impossible à calculer et à concevoir!... Nulle part autant qu'ici on ne souffre de l'épouvante de connaître que toute notre misérable petite effervescence humaine n'est qu'une sorte de moisissure autour d'un atome émané de cette sinistre boule de feu, et que lui-même, ce soleil, n'aura été qu'un météore éphémère, qu'une furtive étincelle jaillie pendant l'une des innombrables transformations cosmiques, au cours des temps sans fin ni commencement.

XVII

UNE AUDIENCE D'AMÉNOPHIS II

Le roi Aménophis II vient de reprendre ses audiences, qu'il s'était vu obligé de suspendre depuis trois mille trois cents et quelques années pour cause de décès. Elles sont très suivies; le costume de cour n'y est pas exigé et le Grand Maître des Cérémonies accepte volontiers le pourboire. Il les donne tous les matins d'hiver à partir de huit heures, aux entrailles d'une montagne du désert de Libye, et, s'il se repose ensuite dans la journée, c'est uniquement parce qu'on lui supprime, dès midi sonnant, sa lumière électrique.

Heureux Aménophis II! De tant de rois qui s'étaient évertués à cacher pour jamais leur momie au fond d'impénétrables retraites, il est le seul que l'on ait laissé dans son tombeau;

aussi « fait-il le maximum » chaque fois qu'il ouvre ses salons funéraires.

*.

Comme il s'agit d'arriver avant midi chez ce Pharaon, dès huit heures, un clair matin de février, je pars de Louxor où depuis quelques jours ma dahabieh sommeille contre la berge du Nil. Il faut d'abord traverser le fleuve, car c'est sur l'autre bord que les rois thébains du Moyen Empire avaient tous établi leurs demeures d'éternité; bien au delà des plaines du rivage, c'est là-bas, dans ces montagnes qui ferment l'horizon comme un mur adorablement rose. D'autres canots, qui traversent aussi, glissent à côté du mien sur l'eau tranquille; leurs passagers paraissent appartenir à cette variété d'Anglo-Saxons qui s'équipe chez Thos Cook and Son (Egypt limited) et, comme moi sans nul doute, ils se rendent à l'audience royale.

Nous abordons aux sables de l'autre rive, aujourd'hui presque déserte, mais où s'étendait jadis tout un quartier de Thèbes, celui des faiseurs de momies, avec les fours par milliers pour chauffer le natrum et les huiles qui empêchent les pourritures. Dans cette Thèbes où, durant une quarantaine de siècles, tout ce qui mourut, hommes ou bêtes, fut minutieusement préparé sous des bandelettes, on se représente l'importance que pouvait prendre le faubourg des embaumeurs. Et c'est dans la proche montagne qu'allaient s'enfouir les produits de tant de soigneux paquetages, tandis que le Nil emportait le sang des cadavres et les immondices de leurs viscères ; devant nous, cette chaîne de roches vives, colorée chaque matin de ce même rose de fleur tendre, est intérieurement toute farcie de morts.

Nous avons une large plaine à franchir avant d'atteindre ces montagnes-là, et ce sont des champs de blé, alternant avec des sables déjà désertiques. Derrière nous s'éloignent le vieux Nil et son autre rive que nous venons de quitter, la rive de Louxor dont les gigantesques colonnades pharaoniques sont comme allongées en dessous par leur propre reflet sur le miroir du fleuve, — et, dans ce matin rayonnant, dans cette pure lumière, ce serait admirable, ce temple éternel avec son image renversée au fond de l'eau bleue, si tout à côté et deux fois plus haut ne surgissait impudemment *Winter Palace*, l'hôtel monstre construit l'année dernière pour les touristes au goût subtil... Qui sait pourtant, les cynocéphales, qui sur le sol sacré d'Égypte ont déposé cette ordure, s'imaginent peut-être égaler le mérite de l'artiste qui restaure en ce moment les sanctuaires de Thèbes, ou même la gloire des Pharaons qui les bâtirent.

Pour nous rapprocher toujours de la chaîne

Libyque, où nous attend ce roi, nous traversons maintenant des blés encore en herbe, — et les moineaux, les alouettes chantent autour de nous le hâtif printemps de la Thébaïde.

Voici là-bas deux sortes de grands menhirs qui commencent de se préciser; de même taille et de mêmes contours, ils se lèvent tout pareils à côté l'un de l'autre, dans le lointain limpide, au milieu de ces nappes vertes qui rappellent si bien nos champs de France... Ah! ils ont des bonnets de sphinx, et ce sont de gigantesques formes humaines, pesamment assises sur des trônes : les colosses de Memnon! Aussitôt on les reconnaît, car l'imagerie de tous les temps en a vulgarisé l'aspect, comme pour les pyramides. Mais on ne prévoyait pas qu'ils apparaîtraient comme cela, posés si simplement au milieu de ces jeunes blés qui poussent à toucher leurs pieds, et entourés de ces humbles oiseaux de chez nous qui chantent sans façon sur leurs épaules.

Ils n'ont même pas eu l'air scandalisés de voir à l'instant passer près d'eux une kyrielle de choses enfumées, les wagons d'un aimable petit chemin de fer d' « intérêt local », charroyant des cannes à sucre et des courges.

La chaîne de Libye, depuis une heure, n'a cessé de grandir pour nous dans le profond ciel trop bleu. A présent qu'elle se dresse là tout près, surchauffée par le soleil de dix heures et comme incandescente, nous apercevons un peu partout, devant les premiers contreforts rocheux, des débris de palais, colonnades, escaliers, pylônes; et des géants sans visage, emmaillotés comme des Pharaons morts, se tiennent debout, les mains croisées sous leur suaire de grès : temples et statues pour les mânes de tant de rois ou reines qui eurent pendant trois ou quatre mille ans leur momie embusquée là tout près, au cœur de ces montagnes, au plus profond des galeries murées et secrètes.

Maintenant, plus de champs de blé, plus d'herbages, plus rien; nous venons de franchir le seuil désolé, nous sommes dans le désert. Tout de suite un sol inquiétant, funèbre, moitié sable, moitié cendres, où bâillent partout des fosses. On dirait une région que des bêtes fouisseuses auraient longtemps minée; mais ce sont les hommes qui ont durant plus de cinquante siècles tourmenté ce terrain, d'abord pour y cacher des momies, ensuite et jusqu'à nos jours pour en exhumer. Chaque trou a recélé son cadavre et, si l'on regarde au fond, des guenilles jaunâtres y traînent encore, des bandelettes, ou des jambes, des vertèbres millénaires. Quelques bédouins maigres, qui exercent le métier de déterreur et qui gîtent par là dans des creux comme des chacals, s'avancent pour nous vendre des scarabées, des verroteries bleues à demi fossiles, des pieds ou des mains de mort.

C'est fini du frais matin; on sent de minute en minute la chaleur s'alourdir. Le sentier, que marquent seulement des pierres semées en chapelet, tourne enfin et pénètre au milieu de la montagne par un couloir tragique : nous entrons dans cette « Vallée des Rois » qui fut le lieu du suprême rendez-vous pour les plus augustes momies. Entre ces roches, tout à coup les souffles sont devenus brûlants, et le site semble appartenir, non plus à la Terre, mais à quelque planète calcinée qui aurait à jamais perdu ses nuages et ses voiles. Cette chaîne Libyque, de loin si délicatement rose, se révèle effroyable maintenant qu'elle nous surplombe; elle a bien l'air de ce qu'elle est : un énorme et fantastique tombeau, une nécropole naturelle dont rien d'humain n'eût égalé le faste ni l'horreur, une étuve rêvée pour cadavres qui veulent s'éterniser. Les calcaires, sur lesquels du reste aucune pluie ne tombe de ce ciel immuable, semblent d'une seule pièce du haut en bas, sans une lézarde qui amènerait un suintement dans les sépulcres; on peut donc dormir, au cœur de ces monstrueux blocs, à l'abri comme sous des voûtes de plomb. Et pour ce qui est de la magnificence, les siècles en ont pris soin; le continuel passage des vents chargés de sable a dépouillé, usé tout cela, au point de ne laisser à la pierre extérieure que ses filons les plus denses, et ainsi ont reparu d'étranges fantaisies architecturales, telles que la Matière, aux origines, les avait obscurément conçues. Plus tard, le soleil d'Égypte a prodigué sur l'ensemble ses ardentes patines rougeâtres. Et les montagnes imitent par places de grands tuyaux d'orgue badigeonnés de jaune et de carmin, ou ailleurs des ossatures encore sanguinolentes et des amas de chairs mortes.

Devant le ciel follement bleu, les cimes éclairées jusqu'à éblouir s'enlèvent en lumière : rouges cendrés d'incendie qui couve, éclats de braise, sur de l'indigo trop pur qui presque tourne au sombre. On croirait cheminer dans quelque vallée d'Apocalypse, aux parois brûlantes. Du silence et de la mort, sous un excès de clarté, dans le rayonnement continu d'une sorte de morne apothéose : c'est ainsi d'ailleurs que les Egyptiens entendaient le décor de toutes leurs nécropoles.

Toujours le sentier s'enfonce dans les gorges étouffantes, — et au bout de cette « Vallée des Rois » nous n'attendions qu'un silence plus épeurant, sous ce soleil bientôt méridien, qui se fait de minute en minute plus tristement terrible... Mais qu'est-ce que c'est que ça?...

A un détour, là-bas, au fond d'un repli sinistre, tout ce monde, tout ce tapage?... Un meeting, une foire?... Sous des tendelets, pour les protéger de l'insolation, une cinquantaine de bourricots stationnent, sellés à l'anglaise. Dans un coin, une petite usine à électricité, en briques neuves, lance sa fumée noire. Et un peu partout, entre les hauts rochers sanglants, vont et viennent, s'agitent, bavardent des touristes Cook des deux sexes, d'autres même qui semblent vraiment n'en plus avoir aucun. C'est pour l'audience royale. Il en est venu à âne, ou dans des carrioles, et les grosses dames trop poussives se sont fait apporter en chaise par des bédouins. Des quatre points de l'Europe, ils se sont réunis dans ce ravin de désert, pour voir un pauvre cadavre qui se dessèche au fond d'un trou.

Les palais cachés montrent çà et là leur entrée d'ombre, qui est creusée en carré dans la roche massive, et sur laquelle un écriteau indique le nom d'une souveraine momie : Ramsès IV, Sethos Ier, Thoutmosis III, Ramsès IX, etc. Bien que tous ces rois, sauf Aménophis II, aient déménagé récemment pour aller dans la Basse Égypte peupler les vitrines du musée du Caire, leurs suprêmes demeures n'ont pas cessé d'attirer les foules. De chaque souterrain émergent en ce moment des cooks et des cookesses en sueur; mais c'est surtout de chez Aménophis que l'on sort à pleine porte : pourvu que nous n'arrivions pas trop tard, et que l'audience ne soit pas close!

Et songer que ces entrées-là avaient été murées, dissimulées avec tant de soin, et perdues pendant des siècles! Tout ce qu'il a fallu ensuite de persévérance pour les retrouver, d'observation, de tâtonnements, de sondages et d'heureux hasards!

En effet, on ferme, on ferme. Nous avions trop flâné ce matin autour des colosses de Memnon ou des palais de la plaine. Voici presque midi, un midi dévorant et funèbre, qui tombe d'aplomb sur les cimes rouges, et vient brûler jusqu'en ses derniers replis la vallée de pierre.

A la porte d'Aménophis, il faut parlementer, prier. Moyennant pourboire, le bédouin Grand Maître des Cérémonies se laisse fléchir. Descendons avec lui, mais vite, vite, car l'électricité va s'éteindre. Ce sera une audience courte, mais au moins ce sera une audience privée; nous serons seuls avec le Roi.

Dans ces ténèbres, où d'abord, après tant de soleil, les petites lampes électriques nous semblent à peine des vers luisants, nous attendions un peu de froid comme dans les souterrains de nos climats; non, c'est une pire chaleur, enfermée, desséchante, et on voudrait retourner au grand air, qui brûlait aussi, mais qui au moins était l'air de la vie.

En hâte nous descendons : des escaliers raides, des couloirs en pente si rapide qu'ils vous entraînent d'eux-mêmes comme des glissières, et il semble que l'on ne remontera jamais, pas plus que la grande momie qui y passa jadis, se rendant à sa « chambre éternelle ». Tout cela d'abord vous entraîne à un puits profond, creusé pour happer les profanateurs au passage, — et c'est sur l'un des côtés de cette oubliette, derrière un bloc quelconque soigneusement scellé, que fut découverte la continuation des galeries funéraires. Donc, le puits franchi, sur une passerelle qu'on y a jetée, les escaliers recommencent devant nous, et les corridors inclinés qui presque font courir; seulement, par un coude brusque, ils ont changé de direction. Encore descendre, descendre ! Mon Dieu, il habite bien bas, ce roi-là, et à chaque marche descendue on se sent pris davantage sous la masse souveraine de la pierre, au centre de toute cette épaisseur compacte et muette.

Les petits globes électriques espacés en guirlande suffisent maintenant à nos yeux qui ont oublié le soleil. Et, depuis que nous y voyons clair, autour de nous mille figures nous invitent au recueillement et au silence; elles sont partout inscrites sur les murs lisses, immaculés, d'un ton de vieil ivoire; elles se suivent en bon ordre, se répètent obstinément en rangées pareilles comme pour mieux imposer à notre esprit, par les toujours mêmes gestes, les toujours mêmes choses. Les dieux et les démons, les Anubis à tête noire de chacal et à grandes oreilles dressées, ont l'air, avec leurs longs bras et leurs longs doigts, de nous faire signe : « Pas de bruit! Attention, il y a des momies! » La conservation de tout cela, les couleurs vives, la netteté des coups de pinceau commencent de causer une stupeur et un trouble; vraiment, on croirait qu'ils ont à peine quitté l'hypogée, les peintres de ces figures des Ténèbres. Tout ce passé vous attire à lui comme un abîme que l'on serait venu regarder de trop près ; il vous cerne et peu à peu vous maîtrise ; ici, il est encore tellement chez lui, qu'il *est resté le présent;* en plus de cette descente aux entrailles sourdes de la pierre, il y a eu aussi comme un glissement avec vertige, que l'on n'avait pas prévu et qui vous a replongé très loin au fond des âges...

Ils aboutissent enfin à quelque chose de vaste, ces couloirs d'interminable oppression par lesquels nous nous étions faufilés jusqu'aux dessous les plus secrets de la montagne; les parois se desserrent, la voûte s'élève, et voici la grande salle funéraire dont le plafond bleu, tout semé d'étoiles comme un ciel, est soutenu par six piliers taillés à même le roc; sur les côtés s'ouvrent d'autres chambres où l'électricité permet de bien voir, et au fond s'indique en contre-bas une large crypte à demi obscure, où l'on devine que le Pharaon doit se tenir. Oh! le prodigieux travail de perforation dans la pierre vive! Et cet hypogée n'est pas unique; tout le long de la « Vallée des Rois », des petites portes — qui n'ont l'air de rien, mais que dénonce aux initiés le « Signe de l'Ombre » inscrit sur le linteau — conduisent à d'autres souterrains aussi somptueux et perfidement profonds, avec leurs embûches, leurs puits perdus, leurs oubliettes, et l'affolante multiplicité de leurs figures murales. — Or, tous ces tombeaux ce matin étaient pleins de monde, et, si nous n'avions eu la chance d'arriver après l'heure, nous rencontrions ici même, chez Aménophis, un bataillon Cook!

Dans cette salle au plafond bleu, les fresques multiplient leurs énigmes : des scènes du Livre de l'Hadès; tout le rituel funéraire mis en images. Sur les piliers, sur les murailles se pressent les différents démons qu'une âme égyptienne risquait de rencontrer en cheminant à travers le Pays de l'Ombre, et, en dessous de chacun, les mots de passe, qu'il convenait de lui dire, sont résumés en mémento.

Car elle s'en allait, l'âme, sous les deux formes simultanées d'une flamme [1] et d'un épervier [2]. Et ce Pays de l'Ombre, aussi appelé Occident, où elle devait se rendre, était celui où va tomber la lune, où chaque soir le soleil lui-même s'abîme et s'éteint; pays que les vivants n'atteignent jamais, parce qu'il fuit devant eux, si loin qu'ils s'avancent par les sables ou par les mers. Arrivée là, dans les ténèbres, l'âme effarée avait donc à parlementer successivement avec ces formes affreuses aux aguets sur sa route. Si enfin elle était jugée digne d'approcher Osiris, le grand Soleil-Mort, elle se fondait en lui pour réapparaître brillante sur le monde, le matin suivant et

---

1. Le Khou, qui s'enfuyait à jamais de notre monde.
2. Le Baï, qui pouvait à son gré revenir dans le tombeau.

les autres matins jusqu'à la consommation des âges : vague survivance dans la splendeur solaire, continuation sans personnalité, dont on ne saurait trop dire si elle était plus désirable que le non-être éternel.

Ce que, par exemple, il fallait faire durer coûte que coûte, c'était le cadavre, car un certain *double* du mort continuait d'habiter dans sa chair sèche, et retenait ainsi une sorte de demi-vie, péniblement consciente. Couché au fond du sarcophage, il pouvait regarder, par ces deux yeux qui étaient peints sur le couvercle, toujours dans l'axe même des yeux vides. Parfois aussi, dégagé de la momie et de sa boîte, il errait comme fantôme dans l'hypogée; pour qu'il pût se nourrir alors, des amas de viandes momifiées sous bandelettes étaient au nombre des mille choses ensevelies à ses côtés; on lui laissait aussi du natrum et des huiles, afin qu'il essayât de se réembaumer si des vers naissaient dans ses membres. Oh! la persistance de ce *double*, qui était scellé dans le tombeau, qui avait à s'inquiéter de la pourriture, et subissait sa durée, là, dans l'étouffement, l'obscurité et l'absolu silence, sans rien qui marquât les jours et les nuits, ni les saisons, ni les siècles, ni les dizaines de siècles indéfiniment! Avec une si horrible conception de la mort, chacun donc en ce temps-là s'absorbait dans la préparation de sa « chambre éternelle ».

Or, pour cet Aménophis II, voici à peu près

ce qui advint à son *double*. Déshabitué de tout bruit, après trois ou quatre cents ans de silence passés là en compagnie de quelques familiers endormis du même pesant sommeil, il entendit des coups sourds, là-bas, du côté du puits perdu : on avait découvert l'entrée clandestine, on la démurait! Des vivants allaient paraître, sans doute des pillards de sépultures, venus pour les démailloter tous! — Non, mais des prêtres d'Osiris, s'avançant craintifs, en cortège de funérailles. Ils apportaient neuf grands cercueils contenant les momies de neuf rois ses fils, petit-fils, et autres successeurs inconnus, jusqu'à ce roi Setnakht qui gouverna l'Égypte deux siècles et demi après lui. Et c'était pour les mieux cacher, là, tous ensemble, dans une chambre qui fut aussitôt murée. Ensuite ils repartirent; les pierres de la porte furent scellées de nouveau et tout retomba dans les mornes et chaudes ténèbres.

Des siècles encore coulèrent goutte à goutte, — peut-être dix, peut-être vingt, — avec un silence que ne troublait même plus le petit grattement des vers depuis longtemps desséchés. Et un jour vint où, du côté de l'entrée, les mêmes coups retentirent. — Les voleurs, cette fois! Tenant des torches, ils se précipitèrent avec des cris, et, sauf dans la bonne cachette aux neuf cercueils, tout fut saccagé, les bandelettes déchirées, les bijoux d'or arrachés du cou des momies. Puis, quand ils eurent trié leur butin, ils murèrent l'entrée comme avant, et repartirent, laissant un inextricable fouillis de linceuls, de corps humains, d'entrailles sorties de vastes canopes, de dieux et d'emblèmes brisés.

Encore le silence pendant de longs siècles. Et, de nos jours enfin, le *double* plus affaibli, presque inexistant, perçut le même bruit de pierres descellées à coups de pioche. Cette troisième fois, les vivants qui entrèrent étaient d'une race jamais vue. D'abord ils semblaient des hommes pieux, ne touchant les choses que doucement. Mais c'était pour tout dérober, tout, même les neuf cercueils royaux de la cachette jusqu'alors inviolée. Les moindres cassons, ils les recueillaient avec une sollicitude quasi religieuse; pour ne rien perdre, ils allaient jusqu'à tamiser les balayures et la poussière. Pourtant lui, Aménophis, qui n'était déjà plus qu'une lamentable momie sans joyaux ni bandelettes, on le laissa au fond du sarcophage de grès. Et depuis ce jour, condamné à recevoir chaque matin des personnages d'un aspect étrange, il habite seul dans l'hypogée vidé, où ne reste plus un être ni une chose de son temps.

Ah! cependant si! Nous n'avions pas regardé partout. Là, dans une des chambres latérales, des gens couchés, des morts!... Trois cadavres (momies démaillotées lors du pillage) gisent côte à côte sur des guenilles. D'abord une femme — la Reine probablement — dont la chevelure est dénouée; son profil a gardé une ligne exquise; combien elle est encore jolie! Ensuite, un jeune garçon, au tout petit visage de poupée grisâtre; il est tondu ras, lui, sauf, du côté droit, cette longue mèche qui dénote un prince royal. Et enfin un homme; oh! bien horrible, celui-là, avec son air de trouver que la mort est une chose irrésistiblement drôle... Même il en rit à se tordre, en mordant un coin de son linceul, sans doute pour ne pas pouffer trop fort.

Oh!... soudain, nuit noire! — et nous restons figés sur place. L'électricité partout à la fois vient de s'éteindre : en haut, sur terre, midi a dû sonner pour ceux qui connaissent encore le soleil et les heures.

Afin que l'on rallume bien vite, le garde qui nous a amenés pousse des cris, en son fausset de bédouin; mais les matités infinies des parois, au lieu d'en prolonger les vibrations, les éteignent, et d'ailleurs qui donc pourrait les entendre, des profondeurs où nous sommes? Alors à tâtons, dans cette obscurité absolue il prend sa course, par le couloir qui remonte. Bruit précipité de ses sandales, flottement de son burnous, tout s'éloigne, et la clameur d'appel qu'il continue de jeter, nous la percevons bientôt aussi étouffée que si nous étions nous-mêmes des ensevelis. Nous ne bougeons toujours pas... Mais comment se peut-il qu'il fasse si chaud, chez ces momies?

on croirait qu'il y a des feux allumés tout près dans quelque four. Surtout c'est l'air qui manque ; les couloirs, après notre passage, peut-être se sont-ils contractés, comme il arrive pendant l'angoisse des rêves ; la longue fissure par laquelle nous nous sommes glissés jusqu'ici, peut-être s'est-elle refermée sur nous...

Enfin on a compris les appels d'alarme, et la lumière a jailli. Eux, les trois cadavres n'ont pas profité de ces minutes non surveillées pour tenter un mouvement agressif : mêmes poses et mêmes expressions ; la Reine, toujours calme et jolie ; l'homme toujours mordant son bout de guenille, pour comprimer son fou rire de trente-trois siècles.

Maintenant le bédouin est redescendu ; haletant de sa course, il nous presse d'aller voir le Roi avant que la lumière s'éteigne encore, et cette fois pour tout de bon. Au fond de la salle et au bord de la crypte en pénombre, nous voici donc accoudés à regarder. C'est un lieu de forme ovale, avec une voûte d'un noir mortuaire sur laquelle se détachent des fresques blanches ou couleur de cendre représentant tout un nouveau registre de dieux et de démons, les uns sveltes et gainés étroitement comme des momies, les autres ayant de grosses têtes et de gros ventres d'hippopotame. Posé sur le sol, et veillé de haut par tant de figures, un énorme sarcophage de pierre est là, tout ouvert, et vaguement on y distingue un corps humain : le Pharaon !

Au moins nous aurions voulu mieux le voir.
— Qu'à cela ne tienne : le bédouin Grand Maître des Cérémonies fait jouer un bouton électrique, et une forte lampe s'allume au-dessus du front d'Aménophis, détaillant avec une netteté à faire peur les yeux fermés, la grimace du visage et toute la triste momie. Cet effet de théâtre, nous ne nous y attendions pas.

On l'avait enseveli dans la magnificence, mais ces pillards lui ayant tout pris, même sa belle cuirasse à écailles qui lui venait d'un lointain pays oriental, depuis déjà beaucoup de siècles il dort demi-nu sur des loques. Cependant son pauvre bouquet lui est resté, — du mimosa, reconnaissable encore... Et qui dira jamais quelle main pieuse, ou amoureuse peut-être, les avait cueillies pour lui, ces fleurs d'il y a plus de trois mille ans...

On suffoque de chaleur; il semble que sur la poitrine pèse toute la masse écrasante de cette montagne, de ce bloc de calcaire où l'on s'est faufilé par des trous relativement imperceptibles, à la façon des termites ou des larves. Ces figures aussi, ces figures inscrites partout, et ce mystère des hiéroglyphes et des symboles, vous causent une gêne croissante. On en est trop près et ils sont trop les maîtres des issues, ces dieux à tête d'épervier, à tête d'ibis ou de loup-de-désert qui, sur les murailles, conversent en une continuelle mimique exaltée. Et puis on prend conscience d'être sacrilège devant ce cercueil sans couvercle, éclairé si insolemment; le douloureux visage noirâtre, à moitié rongé, a l'air de demander grâce : « Eh bien! oui, là, ma sépulture a été violée et je tombe en poussière. Mais, à présent que vous m'avez vu, laissez-moi, éteignez cette lampe, ayez pitié de mon néant. »

En effet, quelle dérision! Avoir mis tant de soins, tant de ruses à cacher son cadavre, avoir épuisé des milliers d'hommes au creusement de ce dédale souterrain, et finir ainsi, la tête sous une lampe électrique, pour amuser qui passe!

La pitié, je crois que c'est le pauvre bouquet de mimosa qui l'a presque éveillée, et je dis au bédouin : « Va, tourne le bouton là-bas, éteins, c'est assez! » Alors l'ombre revient au-dessus du front royal, qui brusquement s'efface de nouveau dans le sarcophage; le fantôme du Pharaon s'évanouit, comme replongé aux passés insondables : l'audience est close.

Et nous, qui pouvons échapper à l'horreur des hypogées, vite remontons vers le soleil des vivants, allons respirer de l'air, de l'air puisque nous y avons encore droit, pour quelques jours comptés!

XVIII

A THÈBES CHEZ L'OGRESSE

Ce soir, dans le vaste chaos des ruines, à l'heure où le soleil commençait d'éclairer rose, je suivais l'une des voies magnifiques de la ville-momie, celle qui part à angle droit de la ligne des temples d'Amon, se perd plus ou moins dans les sables, et aboutit enfin à un lac sacré, au bord duquel les déesses à tête de chatte sont assises en cénacle, regardant l'eau morte et les lointains du désert. Elle fut commencée il y a trois mille quatre cents ans, cette voie-là, par une belle reine appelée Makéri[1], et nombre de rois en continuèrent la construction pendant une suite de siècles. Des pylônes — qui sont, comme on sait, les monumentales murailles, en forme de trapèze

1. Aujourd'hui, la momie du bébé, du musée du Caire.

à large base et toutes couvertes d'hiéroglyphes, que les Égyptiens plaçaient de chaque côté de leurs portiques ou de leurs avenues — des pylônes la décoraient avec une lourdeur superbe, ainsi que des colosses et d'interminables files de béliers, plus gros que des buffles, accroupis sur des socles.

Premiers pylônes, qui m'obligent à faire un détour; ils sont tellement en ruine que leurs blocs, éboulés de toutes parts, ont fermé le passage. Ici veillaient debout, à droite et à gauche, deux géants en granit rouge de Syène. Jadis, dans des temps que l'histoire ne précise plus, on les a brisés l'un et l'autre à hauteur des reins; mais leurs jambes musculeuses ont gardé fièrement l'attitude de la marche, et chacun, dans une de ses mains sans bras qui descend le long du pagne, serre avec passion l'emblème de la vie éternelle. Ce granit de Syène est d'ailleurs si dur que les siècles ne l'altèrent point, et, au milieu de cette déroute des pierres, les jarrets des colosses mutilés luisent encore comme si on venait de les polir.

Plus loin, deuxièmes pylônes, effondrés aussi, et devant lesquels se tient une rangée de pharaons.

De tous côtés les blocs chavirés pêle-mêle étalent leur désordre de choses gigantesques, parmi ces sables qui s'obstinent avec patience à les ensevelir. Maintenant voici les troisièmes pylônes, flanqués de leurs deux géants en marche, qui n'ont plus ni tête ni épaules. Et la voie, jalonnée majestueusement encore par les débris, continue de s'en aller vers le désert.

Quatrièmes et derniers pylônes, qui semblent à première vue marquer l'extrémité des ruines, l'orée du néant désertique; effrités, découronnés, mais raides et debout, ils ont l'air d'être posés là si solidement que rien ne saurait plus les faire broncher jamais. Les deux colosses qui les gardaient de droite et de gauche siègent sur des trônes. L'un, celui de l'est, est presque anéanti. Mais l'autre, au contraire, se détache tout entier, tout blanc, d'une blancheur de marbre, sur le fond couleur bise de l'énorme pan de mur criblé d'hiéroglyphes; on ne lui a meurtri que le masque du visage; il conserve encore son menton impérieux, ses oreilles, son bonnet de sphinx, on pourrait presque dire son *expression* méditative devant ce déploiement de la grande solitude qui paraît commencer juste à ses pieds.

Ici pourtant n'était que la limite des quartiers du dieu Amon; les enceintes de Thèbes passaient infiniment plus loin, et l'avenue qui me conduira tout à l'heure chez les déesses à tête de chatte se prolonge beaucoup encore au sortir de ces portes, bien qu'on la distingue à peine entre sa double rangée de béliers-sphinx, tout brisés et presque enfouis.

Le jour tombe, et la poussière d'Égypte, comme invariablement chaque soir, commence à ressembler dans les lointains à de la poudre d'or.

Je regarde derrière moi de temps à autre le géant qui m'observe, assis au pied de son pylône où l'histoire d'un pharaon est gravée en un immense tableau. Au-dessus de lui et de son mur qui devient de minute en minute plus rose, je vois monter davantage, à mesure que je m'éloigne, tout l'amas des palais du centre, l'hypostyle d'Amon, les salles de Thoutmosis et les obélisques, tout le groupement enchevêtré de ces choses si grandes et si mortes, qui n'ont plus jamais été égalées sur terre.

Les voilà qui resplendissent une fois de plus dans la rouge apothéose du soir, ces restes bientôt aussi désagrégés que de vieux ossements, et on dirait qu'ils demandent grâce à la fin, qu'ils sont las d'être ainsi sans trêve, sans trêve, à chaque couchant, colorés en fête, comme par une dérision de cet éternel soleil.

C'est déjà presque loin derrière moi tout cela ; mais l'air est si limpide, les contours restent si nets qu'on a l'illusion plutôt, en s'éloignant, que les temples et les pylônes diminuent, s'abaissent, rentrent dans la terre. Quant au géant blanc, qui me suit toujours de son regard sans yeux, le voilà réduit aux proportions d'un simple rêveur humain ; il n'a du reste pas l'aspect rigidement hiératique des autres statues thébaines : les mains sur les genoux, il est là comme un homme ordinaire qui se serait arrêté pour réfléchir[1]. Je le

---

1. Statue d'Aménophis III.

connais depuis des jours, — des jours et des nuits, car, avec sa blancheur et la transparence de ces nuits d'Égypte, je l'ai vu tant de fois se dessiner de loin sous la vague lumière des étoiles, grand fantôme, dans sa pose contemplative! Et je me sens déjà obsédé par la continuité de son attitude à cette entrée des ruines, moi qui, à Thèbes et même sur la terre, aurai passé sans lendemain comme nous passons tous; or, avant que la vie consciente m'eût été donnée, il était là depuis des temps qui font frémir; pendant trente-trois siècles environ, les yeux des myriades d'inconnus qui m'ont précédé le voyaient tout comme le voient mes yeux, tranquille et blanc à cette même place, assis devant ce même seuil, avec sa tête un peu inclinée, et son air de penser.

Je chemine sans hâte, ayant toujours une tendance à m'attarder pour regarder derrière moi, regarder l'entassement silencieux des palais et le rêveur blanc, qui s'illuminent ensemble d'un dernier feu de Bengale, à la mort quotidienne du soleil.

Et l'heure est déjà crépusculaire quand j'arrive chez les déesses.

Leur domaine est d'ailleurs tellement détruit que les sables avaient pu le recouvrir et le cacher durant vingt siècles; mais on vient de l'exhumer.

Il n'en reste que des tronçons de colonnes, alignés en rangs multiples sur une vaste étendue de désert[1]. Pierrailles, éboulements et débris ; je traverse sans m'arrêter, et enfin voici le lac sacré, au bord duquel les grandes chattes sont assises en conciliabule éternel, chacune sur son trône. Le lac, creusé par ordre des Pharaons, se déploie en forme arquée, comme une sorte de croissant; des oiseaux de marais, qui vont se coucher, traversent en ce moment son eau triste et dormante; ses bords, qui ont connu toutes les magnificences, ne sont plus que des tertres de décombres où rien ne verdit, et ce qu'on aperçoit au delà, ce que les déesses attentives regardent, c'est la plaine vide et désolée, où quelques champs de blé se fondent, à cette heure de crépuscule, avec le morne infini des sables; le tout fermé à l'horizon par la chaîne encore un peu rose des calcaires d'Arabie.

Elles sont là, les chattes, — ou, pour plus exactement dire, les lionnes, car des chattes n'auraient pas ces oreilles courtes et ce menton cruel épaissi par une barbiche. Toutes en granit noir, images de Sekhmet (qui fut déesse de la guerre et à ses heures déesse de la luxure), elles ont des corps sveltes de femme qui rendent plus terribles ces grosses têtes félines coiffées d'un haut bonnet. Huit ou dix, ou davantage peut-être, elles sont plus inquiétantes d'être ainsi nombreuses et d'être pareilles. Elles ne sont pas géantes,

---

1. Le temple de la déesse Mout.

comme on aurait pu s'y attendre, mais de grandeur humaine, faciles donc à emporter ou à détruire, et cela encore, si l'on réfléchit, augmente l'impression spéciale qu'elles causent : alors que tant de colosses gisent en morceaux sur le sol, comment ont-elles pu rester là, elles, petites personnes si tranquillement assises sur leurs chaises, pendant que coulaient ces trente-trois siècles de l'histoire du monde?...

Fini, le passage des oiseaux de marais qui pendant un instant avaient troublé le terne miroir de leur lac; autour d'elles, rien ne bouge plus et l'infini silence coutumier les enveloppe comme à la tombée de chaque nuit. D'ailleurs elles habitent un coin des ruines si délaissé! Qui donc, même en plein jour, songe à venir les voir?

Là-bas, dans l'ouest, une envolée de poussière, comme un long nuage qui traînerait, indique le départ des touristes qui étaient accourus en foule au temple d'Amon, mais qui se hâtent de rentrer à Louxor pour dîner en smoking autour des tables d'hôte. On n'entend même pas dans le lointain rouler leurs voitures, tant la terre d'ici est feutrée de sable. De les savoir partis, cela rend plus intime l'entrevue avec ces déesses nombreuses et pareilles, qui peu à peu se sont drapées d'ombre. Leurs sièges tournent le dos aux palais de Thèbes, qui commencent d'être comme baignés dans des ondes violettes, et qui semblent s'abaisser encore plus à l'horizon, de minute en minute perdre de l'importance devant la souveraineté de la nuit.

Elles, les déesses noires à tête de lionne et à haute coiffure, toujours assises les mains sur les genoux, avec des yeux fixes depuis le commencement des âges et un gênant sourire aux coins de leurs grosses lèvres de fauves, continuent de regarder, au delà du petit lac mort, ce désert, qui n'est plus à présent que de l'immensité confuse, d'un bleu gris, d'un gris de cendre. Et on croit sentir qu'elles ont une âme, qui leur serait venue à la longue, à force d'avoir eu si longtemps, si longtemps, une *expression* sur le visage...

**

Il y a là-bas, à l'autre extrémité des ruines, une de leurs sœurs de plus haute taille, une grande Sekhmet que, dans le pays, on appelle l'ogresse et qui habite seule, embusquée debout dans un temple étroit. Parmi les fellahs ou bédouins d'alentour, elle est très mal famée, ayant l'habitude de sortir la nuit pour manger le monde, et aucun d'eux ne se risquerait volontiers chez elle à cette heure tardive. Au lieu de rentrer à Louxor, comme ces gens dont les voitures viennent de partir, j'irai plutôt lui faire visite.

C'est un peu loin, et j'arriverai à nuit close.

D'abord, il faut revenir sur mes pas, remonter toute l'avenue des béliers, de nouveau passer aux pieds du géant blanc, qui a pris déjà son air de fantôme, tandis que les ondes violettes qui baignaient la ville-momie s'épaississent et tournent au bleu grisâtre; puis, franchir les pylônes que gardent les colosses brisés, et pénétrer dans les palais du centre.

C'est là, dans ces palais, que je trouve pour tout de bon la nuit, avec les premiers cris des hiboux et des orfraies. Il y fait tiède encore, à cause de la chaleur emmagasinée dans le jour par les pierres, mais on sent que l'air se glace.

A un carrefour, surgit une grande forme humaine drapée de noir et armée d'un bâton : un bédouin qui rôde, un des gardes. Et voici à peu près le dialogue échangé (traduction libre et concentrée) :

— Montre-moi ton permis, monsieur.

— Voilà!

(Ici nous combinons nos efforts pour éclairer ledit permis à la flamme d'une allumette.)

— C'est bien, je vais t'accompagner.

— Non, je t'en prie.

— Si, ce sera mieux. Où vas-tu?

— Là-bas, chez cette dame, tu sais, qui est grande, grande, et qui a une figure de lionne.

— Ah!... Tiens, je crois comprendre que tu préfères te promener seul. (Ici l'intonation devient enfantine.) Mais, comme tu es un homme bon, tu me donneras bien une petite pièce quand même.

Il s'en va. Au sortir des palais, me reste à traverser une étendue de terrains vagues, où du vrai froid me saisit. Au-dessus de ma tête, plus de lourdes pierres suspendues, mais le déploiement si lointain d'un ciel bleu nuit — où s'allument ce soir par trop de milliers de milliers d'étoiles... Pour les Thébains d'autrefois, cette belle voûte, toujours scintillante de poudre de diamant, n'épandait sans doute que de la sérénité dans les âmes. Et pour nous, *qui savons, hélas!* c'est au contraire le champ de la grande épouvante, c'est ce que, par pitié, il eût mieux valu ne pas laisser à portée de nos yeux : l'incommensurable vide noir où les univers, en frénésie de tourbillonnement, tombent comme une pluie, se heurtent, s'anéantissent, et se recommencent pour les éternités nouvelles. Tout cela, on le voit trop, l'horreur n'en est plus tolérable, par une claire nuit comme celle-ci, et dans un lieu de silence tout jonché de ruines... De plus en plus le froid vous pénètre, — ce lugubre froid des étendues sidérales dont rien, dirait-on, ne vous garantit plus, tant cette atmosphère limpide semble raréfiée, presque inexistante. Et par terre, des graviers, de maigres herbes desséchées qui craquent sous les pas donnent l'illusion de ce bruit crépitant que fait chez nous le sol un peu gelé pendant les nuits d'hiver.

J'approche enfin de chez l'ogresse. Ces pierres qui s'indiquent, blanchâtres dans la nuit, cette demeure d'aspect clandestin près de l'enceinte de Thèbes, c'est là, et vraiment, à une heure pareille, on a l'air d'aller dans un mauvais lieu. Des colonnes ptolémaïques, de petits vestibules, de petites cours, où une vague lueur bleue permet de se conduire. Rien ne bouge; pas même l'envolée d'un oiseau de nuit; un absolu silence amplifié terriblement par la présence du désert que l'on sent tout autour de ces murs. Au fond, trois chambres en pierres massives, ayant chacune son entrée à part; je sais que les deux premières sont vides. C'est dans la troisième que l'ogresse habite; pourvu qu'elle ne soit pas déjà partie pour ses chasses nocturnes à la chair humaine !... Nuit noire chez elle, où j'entre à tâtons. Vite, la flamme d'une allumette de cire. Oui, elle est bien là, seule, et debout, presque plaquée contre la paroi du fond, où la petite lueur fait danser l'ombre affreuse de sa tête. L'allumette éteinte, je lui en brûle irrévérencieusement plusieurs autres sous le menton, sous sa lourde mâchoire mangeuse de monde. Il n'y a pas à dire, elle est terrifiante. En granit noir, comme ses sœurs assises au bord du triste lac, mais bien plus grande, six ou huit pieds de haut, elle a un corps de femme délicieusement svelte et jeune, avec les seins d'une vierge. Très chaste d'attitude, elle tient en main une fleur de lotus à longue tige, mais par un contre-sens qui déroute et qui glace, ses épaules délicates supportent la monstruosité d'une grosse tête de lionne. Les pans de son bonnet retombent de chaque côté de ses oreilles jusque sur sa gorge, et un large disque de lune le surmonte, pour surcroît de mystérieux apparat. Son regard mort donne à la férocité de son visage quelque chose d'inconscient et de fatal : ogresse irresponsable, sans pitié comme sans plaisir, dévorante à la manière de la Nature et à la manière du Temps; ainsi peut-être l'entendaient ces initiés de l'antique Égypte qui, pour le peuple, symbolisaient tout en des figures de dieux.

Dans le réduit sombre, clos de pierres frustes, dans le si petit temple isolé où elle se tient seule, raide, debout et grande, avec sa tête trop énorme, son menton qui avance et sa haute coiffure de déesse, — on est forcément tout près d'elle. En la touchant, la nuit, on s'étonne de la trouver moins froide que l'air, elle devient quelqu'un, on sent peser sur soi l'insoutenable regard mort.

Pendant le tête-à-tête, involontairement, on songe aussi aux alentours, à ces ruines dans ce désert, à ce néant partout, à ce froid sous ces étoiles... Or, ce summum du doute, de la désespérance et de la terreur, que dégage pour vous un tel ensemble de choses, voici qu'on le trouve confirmé, si l'on peut dire ainsi, par la rencontre de cette divinité-symbole qui vous attend au bout de la course comme pour recevoir ironiquement toute humaine prière : un rigide épouvantail de granit au sourire implacable, au masque dévorateur.

XIX

LA VILLE
PROMPTEMENT EMBELLIE

Huit années et une ligne de chemin de fer ont suffi à accomplir sa métamorphose.

C'était, dans la Haute Égypte, aux confins de la Nubie, une humble petite ville où l'on fréquentait peu, et qui manquait, il faut l'avouer, d'élégance, même de confort.

Non qu'elle fût dénuée de pittoresque ou d'intérêt historique, bien au contraire. Le Nil, apportant les eaux de l'Afrique équatoriale, se déversait auprès, du haut d'un amas de granit noir, en une majestueuse cataracte et puis, devant les maisonnettes arabes, se calmait soudain, pour se diviser entre des îlots de fraîche verdure où des bois de palmiers balançaient leurs plumets au vent.

Il y avait alentour quantité de temples antiques,

d'hypogées, de ruines romaines, de ruines d'églises des premiers siècles chrétiens ; la terre était pleine de souvenirs des grandes civilisations primitives, car ce lieu — délaissé depuis des âges et endormi en Islam sous la garde de sa mosquée blanche — fut jadis l'un des centres de la vie du monde.

Et enfin, dans le désert tout proche, l'histoire ancienne avait été écrite, il y a trois ou quatre mille ans, par les Pharaons, en hiéroglyphes immortels, un peu partout, sur les flancs polis d'étranges blocs de granit bleu, de granit rose, épars au milieu des sables et affectant des formes de monstres antédiluviens.

Oui, mais il fallait que tout cela fût coordonné, mis au point, et surtout rendu accessible aux délicats voyageurs des Agences. Aujourd'hui donc nous avons le plaisir d'annoncer que, de décembre à mars, Assouan (c'est le nom de l'heureuse localité dont il s'agit) a une *season* presque aussi courue que celles d'Ostende ou de Spa.

Dès que l'on approche, les grands hôtels érigés de tous côtés, même dans les îlots du vieux fleuve, charment les yeux du voyageur, le saluent de leurs enseignes accueillantes qui se lisent d'une lieue ; constructions un peu rapides, il est vrai, plâtre et torchis, mais rappelant toutefois ces gracieux *palaces* dont la Compagnie des Wagons-lits a doté l'univers. Et combien négligeable maintenant, combien écrasée par la hauteur de leurs façades, la pauvre petite ville d'autrefois, avec ses maisonnettes blanchies à la chaux et son minaret enfantin.

De cataracte, par exemple, on sait qu'il n'y en a plus à Assouan ; la tutélaire Albion a sainement jugé qu'il valait mieux faire le sacrifice de ce futile spectacle et, pour augmenter le rendement du sol, arrêter les eaux du Nil par un barrage artificiel : œuvre de solide maçonnerie qui (au dire du *Programme of pleasure trips*) *affords an interest of very different nature and degree* (sic).

De cette cataracte cependant, Cook and Son — industriels frottés de poésie, comme chacun sait — ont désiré perpétuer le souvenir en donnant son nom à un hôtel de cinq cents chambres établi par leurs soins en face de ces rochers, aujourd'hui rendus au silence, sur lesquels le vieux Nil a bouillonné durant tant de siècles. *Cataract Hotel*, cela fait encore illusion, n'est-ce pas ? Et puis cela s'arrange bien comme en-tête de papier à lettres.

Cook and Son (Egypt Limited) ont même compris qu'il serait original de donner à leur établissement un certain cachet d'Islam, et la salle à manger reproduit (en toc, bien entendu, mais il ne faut pas demander l'impossible) l'intérieur d'une des mosquées de Stamboul ; à l'heure du *luncheon* rien n'est plus galant que l'aspect, sous ces simili-saintes coupoles, de toutes ces petites tables se peuplant de touristes Cook des deux sexes, tandis qu'un orchestre dissimulé entonne la « Mattchiche ».

Le barrage, il est vrai, en supprimant la cataracte, a élevé d'une dizaine de mètres le niveau des eaux en amont, et noyé du même coup une certaine île de Philæ qui passait à tort pour une des merveilles du monde, à cause de son grand temple d'Isis parmi les palmiers. Entre nous, on peut dire que la Bonne Déesse était bien un peu surannée de nos jours; elle et ses mystères avaient fait leur temps. Du reste, pour les personnages au caractère chagrin qui regretteraient la disparition de ce lieu, on a songé à en perpétuer le souvenir comme celui de la cataracte : de charmantes cartes postales en couleurs, prises avant la noyade de l'île et du sanctuaire, se vendent dans toutes les librairies du quai.

Oh! ce quai d'Assouan, déjà si britannique par le bon ordre, par la correction, rien de plus soigné ni de plus aimable! Il y a d'abord le chemin de fer qui, passant entre des balustrades peintes en vert-feuillage, y jette son bruit entraînant et sa joyeuse fumée. D'un côté s'alignent les hôtels; les boutiques, toutes à l'européenne, — coiffeurs, parfumeurs et nombreuses *dark rooms* à l'usage de tant d'amateurs photographes qui tiennent à emporter d'ici les portraits de leurs compagnons de voyage groupés avec esprit devant quelque célèbre hypogée.

Et puis beaucoup de cafés, où le whisky est d'excellente marque; je dois dire, pour rendre justice au résultat de *l'entente cordiale*, que l'on y voit aussi, alignés en quantités notables sur les étagères, les produits de ces grands philanthropes français auxquels notre génération ne rend vraiment pas assez d'hommages pour tout le bien qu'ils auront fait à son estomac et à son cerveau : le lecteur le devine sans doute, j'ai nommé Pernod, Picon et Cusenier.

Peut-être les braves fellahs ou Nubiens d'alentour, si sobres naguère, en abusent-ils un peu, de ces toniques; mais c'est l'effet de la nouveauté, cela passera. Nous pouvons bien d'ailleurs nous l'avouer, entre nous peuples d'Europe, puisque nous en usons involontairement tous, l'alcoolisme est un puissant auxiliaire à la propagation de nos idées, et le mastroquet constitue, pour notre civilisation occidentale, un précieux pionnier d'avant-garde : toute race légèrement déprimée par l'abus de nos apéritifs devient plus souple, plus facile à pousser ensuite dans la véritable voie du progrès et des libertés...

Sur ce quai d'Assouan, si soigneusement aplani au rouleau, défilent avec animation de continuelles théories de voyageuses, habillées à ravir, comme on ne sait vraiment le faire qu'après un stage chez Cook and Son (Egypt Limited). Et, le long du Nil, à l'ombre de jeunes arbres plantés en bon ordre, des plates-bandes de fleurs, des gazons tirés au cordeau se défendent efficacement par des fils de fer contre certains oublis dont les chiens, hélas! ne sont que trop coutumiers.

Là, du reste, tout est numéroté, étiqueté, les ânes, les âniers, les stations où ils ont le droit de se tenir : *Stand for six donkeys*. — *Stand for ten*, etc. De très avenants chameaux, munis de selles d'amazone, attendent aussi à leurs places respectives, et nombre de dames Cook, méticuleuses sur la question couleur locale même lorsqu'il ne s'agit que d'aller faire des emplettes en ville, se superposent volontiers quelques instants à l'un de ces « vaisseaux du désert »

Et, tous les cinquante mètres, un agent de police, resté Égyptien par le visage, bien que déjà Anglais par la rectitude et le costume, ouvre son œil vigilant sur toutes choses, — ne souffrirait jamais, par exemple, qu'un onzième bourricot osât prendre place dans un stand pour dix qui serait déjà au complet.

Certains esprits enclins à la critique pourraient les juger un peu prompts à malmener leurs compatriotes, ces policiers, si respectueux au contraire et si prêts à se dépenser en indications obligeantes dès que s'adresse à eux quelque voyageur coiffé d'un casque de liège; mais c'est en vertu de ce principe logique, équitable, descendu tacitement jusqu'à eux des hauteurs de l'administration nouvelle, à savoir que l'Égypte d'aujourd'hui est bien moins aux Égyptiens qu'aux nobles étrangers venus pour y brandir le flambeau de la civilisation.

Le soir, après la nuit tombée, les voyageurs de véritable *respectability* ne quittent pas les brillants *dining-saloons* des hôtels, et le quai se retrouve plus solitaire sous les étoiles. C'est à ce moment que l'on peut apprécier combien sont devenus hospitaliers certains indigènes : si, dans une minute de mélancolie, on se promène seul au bord du Nil en fumant sa cigarette, on est toujours accosté par quelqu'un d'entre eux, qui, se méprenant sur la cause de ce vague à l'âme, s'empresse à vous offrir, avec une touchante ingénuité, de vous présenter aux jeunes personnes les plus gaies du pays.

Dans les autres villes, restées purement égyptiennes, les gens ne pratiqueraient jamais cet excès d'affabilité et de belles manières, dû sans nul doute à notre bienfaisant contact.

Assouan possède aussi son petit bazar oriental, un peu improvisé, un peu neuf; mais il en fallait bien un, au plus vite, pour que rien ne manquât aux touristes.

Les marchands ont su s'approvisionner (dans les maisons mères, sous les arcades de la rue de Rivoli) avec autant de tact que de bon goût, et les dames Cook ont l'inoffensive illusion d'y faire journellement des trouvailles. On y vend aussi, pendus par la queue, empaillés et naturalisés avec art, les derniers crocodiles d'Égypte qui, surtout en fin de saison, restent à des prix avantageux.

*
* *

Il n'est pas jusqu'au vieux Nil, qui ne se laisse taquiner gentiment par l'évolution.

D'abord les fellahines, drapées de voiles noirs, qui tout le jour viennent y puiser l'eau précieuse, renonçant à ces fragiles amphores de terre cuite en usage depuis les temps barbares et dont les orientalistes avaient fort abusé dans leurs tableaux, les remplacent aujourd'hui par d'ex-bidons à pétrole en fer-blanc, mis à leur disposition par la bienveillance des grands hôtels ; elles les portent d'ailleurs sur la tête avec désinvolture, comme autrefois ces poteries démodées, et sans perdre en rien leur galbe de tanagra.

Et puis ce sont les grands bateaux touristes des Agences, qui abondent ici, car Assouan a le privilège d'être tête de ligne, et leurs sifflets, leurs moteurs à roue, leurs dynamos pour l'électricité mènent du matin au soir une captivante symphonie. On pourrait reprocher à ces bâtiments de ressembler un peu aux lavoirs de la Seine; mais les Agences, jalouses de leur restituer une certaine couleur locale, leur ont donné des appellations si notoirement égyptiennes, qu'il n'y a plus rien à dire : ils se nomment *Sésostris*, *Aménophis*, ou *Ramsès The Great*.

Ce sont enfin les barques à l'aviron qui promènent sans trêve les voyageurs de l'une à l'autre rive. Tant que la *season* bat son plein, on les pavoise d'une quantité de petits drapeaux en cotonnade rouge ou même en simple papier. Les rameurs ont en outre la consigne de chanter tout le temps des chansons indigènes, que rythme un joueur de derboucca assis à la proue; de plus ils ont appris à pousser ce cri, d'une si noble envolée, par lequel les Anglo-Saxons manifestent d'habitude leur enthousiasme ou leur joie : *Hip! hip! hurrah!* — et l'on n'imagine pas ce que cela fait bien, pour couper ces mélopées arabes qui risqueraient sans cela de verser dans la monotonie.

**

Mais le triomphe d'Assouan, c'est son désert, qui commence là tout de suite, dès que finit le gazon bien ratissé de son dernier square; un désert qui, à part les voies ferrées et les poteaux télégraphiques, a tous les charmes du vrai, les sables, les pierres bouleversées en chaos, les horizons vides, — tout, moins l'immensité et l'infinie solitude, moins l'horreur, en un mot, qui le rendait jadis si peu désirable. On s'étonne en arrivant, par exemple, d'y voir les roches soigneusement numérotées à la peinture blanche, en chiffres de deux pieds de haut, ou bien marquées de grandes croix qui tirent l'œil de plus loin encore *(sic);* mais j'accorde que l'effet d'ensemble n'y a rien perdu.

Le matin donc, avant l'ardeur du soleil, entre le *breakfast* et le *luncheon*, toutes les dames en casque de liège et lunettes bleues *(dark-coloured spectacles are recommended on account of the glare)* s'égrènent dans ces solitudes apprivoisées à leur usage, avec autant de sécurité qu'à Trafalgar Square ou à Kensington Gardens. Et il n'est pas rare de voir l'une d'elles se diriger isolément, un livre à la main, vers l'un de ces pittoresques rochers — le 363 par exemple, ou bien le grand 364 si l'on préfère — qui semblait lui faire signe avec son étiquette blanche, d'une façon presque malséante même, dirait un observateur non initié...

Que les familles se rassurent toutefois : malgré ces gros numéros d'un premier aspect un peu équivoque, rien de répréhensible ne saurait se passer dans ces granits; ils sont du reste d'une seule pièce, sans la moindre lézarde par où l'inconduite trouverait à se faufiler. Non, tout simplement les chiffres et les croix désignent les blocs décorés d'hiéroglyphes et correspondent à un chaste catalogue où chaque inscription pharaonique se trouve traduite en termes des plus décents.

Cet ingénieux étiquetage des cailloux du désert est dû à l'initiative d'un égyptologue anglais.

XX

LA MORT DE PHILÆ

Au sortir d'Assouan, la dernière maison tournée, voici tout de suite le désert. Et le soir tombe, un soir de février qui s'annonce très froid sous un étrange ciel couleur de cuivre.

C'est incontestablement le désert, oui, avec son chaos de granit et de sable, avec ses tons roux, sa couleur de bête fauve. Mais il y a les poteaux d'un télégraphe et les rails d'une ligne ferrée qui le traversent de compagnie, pour aller se perdre à l'horizon vide. Et puis, combien cela semble paradoxal et ridicule de se promener là en toute sécurité, et dans une voiture! (Le plus vulgaire des fiacres, que j'ai pris à l'heure, sur le quai d'Assouan.) — Désert qui garde encore les aspects du vrai, mais qui est maintenant domestiqué, apprivoisé à l'usage des touristes et des dames.

D'abord d'immenses cimetières, en plein sable, à l'orée de ces quasi-solitudes. Oh! de si vieux cimetières de toutes les époques de l'histoire; les mille petites coupoles des saints de l'Islam et les stèles chrétiennes des premiers siècles s'y émiettent côte à côte, au-dessus des hypogées pharaoniques. Le crépuscule aidant, toutes ces ruines des morts et tous les blocs des granits épars se mêlent en groupements tristes, détachant de fantastiques silhouettes brunes sur le cuivre pâle du ciel : arceaux brisés, dômes qui penchent, rochers qui se dressent comme de hauts fantômes...

Ensuite, cette région des tombes une fois franchie, les granits seuls jonchent l'étendue, des granits auxquels l'usure des siècles a donné des formes de grosses bêtes rondes; par places, ils ont été jetés les uns sur les autres et figurent des entassements de monstres; ailleurs ils gisent isolés parmi les sables, comme perdus au milieu de l'infini de quelque plage morte. On cesse de voir les rails et le télégraphe; par la magie du crépuscule, tout redevient grandiose, sous un de ces ciels des soirs d'Égypte, qui, l'hiver, ressemblent à de froides coupoles de métal; voici que l'on a conscience enfin d'être vraiment au seuil de ces profondes désolations arabiques dont aucune barrière, après tout, ne vous sépare; n'était toujours l'invraisemblance de cette voiture qui vous emmène, on prendrait maintenant au sérieux ce désert-là, car en somme il n'a point de limites.

Trois quarts d'heure de route environ, et, devant nous là-bas, apparaissent des feux, qui déjà s'allument dans le jour mourant. Bien éclatantes, ces lumières, pour être celles de quelque campement d'Arabes... Et le cocher se retourne, me les montrant du doigt : « Chélal ! » dit-il.

Chélal, le nom de ce village, au bord de l'eau, où l'on prend une barque pour aller à Philæ.
— Horreur ! ce sont des lampes électriques !... Et Chélal se compose d'une gare, d'une usine au long tuyau qui fume, puis d'une douzaine de ces louches cabarets empestant d'alcool, sans lesquels, paraît-il, la civilisation européenne ne saurait décemment s'implanter dans un pays neuf.

L'embarcadère pour Philæ. Quantité de barques sont là prêtes, car les touristes, alléchés par maintes réclames, affluent maintenant chaque hiver en dociles troupeaux. Toutes, sans en excepter une, agrémentées à profusion de petits drapeaux anglais, comme pour quelque régate sur la Tamise ; il faut donc subir ces pavois de fête foraine, — et nous partons avec une nostalgique chanson de Nubie que les bateliers entonnent à la cadence des rames.

On y voit encore, tant ce ciel en cuivre reste imprégné de froide lumière. Nous sommes dans un grand décor tragique, sur un lac environné d'une sorte d'amphithéâtre terrible que dessinent de tous côtés les montagnes du désert.

C'était au fond de cet immense cirque de granit

que le Nil serpentait jadis, formant des îlots frais, où l'éternelle verdure des palmiers contrastait avec ces hautes désolations érigées alentour comme une muraille. Aujourd'hui, à cause du « barrage » établi par les Anglais, l'eau a monté, monté, ainsi qu'une marée qui ne redescendrait plus ; ce lac, presque une petite mer, remplace les méandres du fleuve et achève d'engloutir les îlots sacrés. Le sanctuaire d'Isis, — qui trônait là depuis des millénaires au sommet d'une colline chargée de temples, de colonnades et de statues — émerge encore à demi, seul et bientôt noyé lui-même ; c'est lui qui apparaît là-bas, pareil à un grand écueil, à cette heure où la nuit commence de confondre toutes choses.

Nulle part ailleurs que dans la Haute-Égypte les soirs d'hiver n'ont ces transparences de vide absolu, ni ces teintes sinistres ; à mesure que la lumière s'en va, le ciel passe du cuivre au bronze, mais en restant métallique ; le zénith devient brun comme un gigantesque bouclier d'airain, tandis que le couchant seul persiste à rester jaune, en pâlissant jusqu'à une presque blancheur de laiton, et là-dessus les montagnes du désert aiguisent partout leurs silhouettes coupantes, d'une nuance de sienne brûlée. Ce soir, un vent glacial souffle avec furie contre nous. Toujours au chant des rameurs, nous avançons péniblement sur ce lac artificiel, — que soutient comme en l'air une maçonnerie anglaise, invisible au lointain, mais devinée et révoltante; lac sacrilège, pourrait-on dire, puisqu'il ensevelit dans ses eaux troubles des ruines sans prix : temples des dieux de l'Égypte, églises des premiers siècles chrétiens, stèles, inscriptions et emblèmes. C'est au-dessus de ces choses que nous passons, fouettés au visage par des embruns, par l'écume de mille petites lames méchantes.

Nous approchons de ce qui fut l'île sainte. Par places, des palmiers, dont la longue tige est aujourd'hui sous l'eau et qui vont mourir, montrent encore leur tête, leurs plumets mouillés, donnant des aspects d'inondation, presque de cataclysme.

Avant d'aborder au sanctuaire d'Isis, nous touchons à ce kiosque de Philæ, reproduit par les images de tous les temps, célèbre à l'égal du Sphinx ou des Pyramides. Il s'élevait jadis sur un piédestal de hauts rochers, et les dattiers balançaient alentour leurs bouquets de palmes aériennes. Aujourd'hui, il n'a plus de base, ses colonnes surgissent isolément de cette sorte de lac suspendu et on le dirait construit dans l'eau à l'intention de quelque royale naumachie. Nous y entrons avec notre barque, — et c'est un port bien étrange, dans sa somptuosité antique; un port d'une mélancolie sans nom, surtout à cette heure jaune du crépuscule extrême, et sous ces rafales glacées que nous envoient sans merci les proches déserts. Mais combien il est adorable ainsi, le kiosque de Philæ, dans ce désarroi précurseur de son éboulement! Ses colonnes, comme posées sur de l'instable, en deviennent plus sveltes, semblent porter plus haut encore leurs chapiteaux en feuillage de pierre : tout à fait kiosque de rêve maintenant, et que l'on sent si près de disparaître à jamais sous ces eaux qui ne baissent plus...

Voici que de nouveau, pour quelques secondes encore, il fait presque jour, et que des teintes de cuivre moins pâles se rallument au ciel. Après le coucher des soleils d'Égypte, quand on croit que c'est fini, souvent elle vient ainsi vous surprendre, cette recoloration furtive de l'air, avant que tout s'éteigne. Près de nous, sur ces fûts élancés qui nous environnent, les nuances rougeâtres font semblant de revenir, et de même là-bas, sur ce temple de la déesse, dressé en écueil au milieu de la petite mer que le vent couvre d'écume.

Au sortir du kiosque, notre barque, sur cette eau profonde et envahissante, parmi les palmiers noyés, fait un détour, afin de nous conduire au temple par le chemin que prenaient à pied les pèlerins du vieux temps, par la voie naguère encore magnifique, bordée de colonnades et de statues. Entièrement engloutie aujourd'hui, cette voie-là, que l'on ne reverra jamais plus; entre ses doubles rangées de colonnes, l'eau nous porte à la hauteur des chapiteaux, qui émergent seuls et que nous pourrions toucher de la main. —

Promenade de la fin des temps, semble-t-il, dans cette sorte de Venise déserte, qui va s'écrouler, plonger et être oubliée.

Le temple. Nous sommes arrivés. Au-dessus de nos têtes se dressent les énormes pylônes, ornés de personnages en bas-relief : une Isis géante qui tend le bras comme pour nous faire signe, et d'autres divinités au geste de mystère. La porte, qui s'ouvre dans l'épaisseur de ces murailles, est basse, d'ailleurs à demi noyée, et donne sur des profondeurs déjà très en pénombre. Nous entrons à l'aviron dans le sanctuaire. Et, dès que notre barque a passé au-dessus du seuil sacré, les bateliers interrompant leur chanson, poussent en surprise le cri nouveau qu'on leur a appris à l'usage des touristes : *Hip! hip! hip! hurrah!*... Oh! l'effet de profanation grossière et imbécile que cause ce hurlement de la joie anglaise, à l'instant où nous pénétrions là, le cœur serré par tant de vandalisme utilitaire!... Ils comprennent d'ailleurs qu'ils ont été déplacés et ne recommenceront pas ; peut-être même, au fond de leur âme nubienne, nous savent-ils gré de leur avoir imposé silence. Il fait plus sombre là dedans bien que ce soit à ciel ouvert, et le vent glacé siffle plus lugubrement qu'au dehors ; on est transi par une humidité pénétrante, — humidité d'importation, bien inconnue autrefois dans ce pays avant qu'on l'eût inondé. Nous sommes dans la partie du temple non couverte, celle où venaient s'agenouiller les fidèles. La sonorité des granits alentour exagère le bruit des avirons sur cette eau enclose, — et c'est si déroutant de ramer et de flotter entre ces deux murs où jadis pendant des siècles les hommes se sont prosternés le front contre les dalles !...

L'obscurité décidément nous envahit, l'heure est trop tardive; il faut pousser la barque à toucher les murailles pour distinguer encore les hiéroglyphes et les dieux rigides, qui y sont gravés finement comme au burin. Tout cela, miné depuis quatre ans bientôt par l'inondation, a déjà pris à la base cette triste teinte noirâtre que l'on voit aux vieux palais vénitiens.

Halte et silence; il fait sombre, il fait froid; les avirons ne remuant plus, on n'entend que la plainte du vent et le clapotis de l'eau sur les colonnes, sur les bas-reliefs, — et puis tout à coup le bruit d'une chute pesante, suivie de remous sans fin : quelque grande pierre sculptée qui vient de plonger à son heure, pour rejoindre dans le chaos noir d'en dessous celles déjà disparues, et les temples déjà engloutis, et les vieilles églises coptes, et la ville des premiers siècles chrétiens, — tout ce qui fut jadis l'île de Philæ, la « perle de l'Égypte », l'une des merveilles du monde.

On n'y voit plus. Allons nous abriter n'importe où pour attendre la lune. Au fond de cette première salle à air libre, s'ouvre une porte qui donne dans de la nuit épaisse : c'est le saint des saints, lourdement plafonné de granit, la partie la plus haute du temple, la seule que l'eau n'ait pas atteinte, et là nous pouvons mettre pied à terre. Nos pas semblent trop bruyants sur les larges dalles sonores, et des hiboux s'envolent. Profondes ténèbres; le vent et l'humidité nous glacent. Trois heures à passer avant le lever de la lune; attendre dans ce lieu serait mortel; plutôt retournons à Chélal, nous mettre à l'abri dans un bouge quelconque.

* *
 *

Un cabaret de l'horrible village, à la lueur d'une lampe électrique. Il empeste l'absinthe, ce cabaret du désert. On s'y chauffe à un brasero fumeux. Il a été bâti hâtivement avec du zinc de boîtes à conserves, avec des débris de caisses à whisky, et, pour orner les murs, le patron, qui est un vague Maltais, a collé partout des images découpées dans nos journaux européens pornographiques. Pendant nos heures d'attente, des Nubiens, des Arabes s'y succèdent sans trêve, demandant à boire, et on leur vend nos alcools à pleines verrées : ouvriers des usines nouvelles, qui étaient jadis des êtres de santé et de plein air, mais qui ont déjà la figure flétrie sous un poudrage de charbon, les yeux hagards, avec une expression malheureuse et mauvaise.

* * *

Le lever de la lune heureusement ne tardera plus, et, de nouveau dans notre barque, nous cheminons d'une allure lente vers ce triste écueil qu'est aujourd'hui Philæ. Le vent est tombé avec la nuit, comme il arrive presque toujours en ce pays l'hiver, et le lac s'apaise. Au lugubre ciel jaune a succédé un ciel bleu-noir, infiniment lointain, où scintillent par myriades les étoiles d'Égypte.

Une grande lueur à l'orient, et la pleine lune enfin surgit, non pas sanglante comme dans nos climats, mais tout de suite très lumineuse, au milieu de cette sorte de buée en auréole que lui fait ici l'éternelle poussière des sables.

Bercés toujours par la chanson nubienne des bateliers, quand nous sommes revenus dans le kiosque sans base, un grand disque éclaire déjà toutes choses, en discrète splendeur; au gré des allées et venues de notre barque, nous le voyons passer et repasser, le grand disque de vermeil, entre ces hautes colonnes, si frappantes d'archaïsme, dont l'image se dédouble dans l'eau maintenant calmée. — Plus que jamais, kiosque de rêve, kiosque d'antique magie...

Pour retourner chez la déesse, nous suivons une seconde fois la voie noyée entre les chapiteaux et les frises de la colonnade qui émergent comme une série de petits récifs. Dans la salle à ciel ouvert qui est l'avant-temple, l'obscurité persiste encore entre les granits souverains ; attachons la barque contre l'un des murs et attendons le bon plaisir de la lune ; sitôt qu'elle sera assez haute pour plonger ici, nous y verrons clair.

Cela débute par une lueur rose, au sommet des pylônes. Et puis cela devient comme un triangle lumineux, très nettement coupé, qui grandit peu à peu sur l'immense paroi et tend à descendre vers la base du temple, nous révélant par degrés la présence intimidante des bas-reliefs, les dieux, les déesses, les hiéroglyphes, les cénacles de personnages qui se font entre eux des signes. Nous ne sommes plus seuls ; tout un monde de fantômes vient d'être évoqué autour de nous par la lune, fantômes petits ou très grands, qui se dissimulaient là dans l'ombre, et qui tout à coup se sont mis à causer à la muette, sans troubler le profond silence, rien qu'à l'aide de mains expressives et de doigts levés. Maintenant commence à paraître aussi l'Isis colossale, — celle qui est inscrite à gauche du portique par où l'on entre : d'abord sa tête fine, casquée d'un oiseau et surmontée d'un disque solaire ; puis, la lueur descendant toujours, sa gorge, son bras qui se lève pour faire on ne sait quel mystérieux geste indicateur ; enfin la nudité svelte de son torse, et ses hanches serrées dans une gaine... La voilà bientôt tout entière sortie de l'ombre, la déesse... Mais il semble qu'elle s'étonne et s'inquiète de voir à ses pieds — au lieu des dalles qu'elle connaissait depuis deux mille ans — sa propre image, un reflet d'elle-même qui s'allonge, qui s'allonge, renversé dans de l'eau...

Et soudain, au milieu de tout le calme nocturne de ce temple isolé dans un lac, encore la surprise d'une sorte de grondement funèbre, encore des choses qui s'éboulent, de précieuses pierres qui se désagrègent, qui tombent, — et alors, à la surface de l'eau, mille cernes concentriques se forment et se déforment, jouent à se poursuivre, ne finissent plus de troubler ce miroir, encaissé dans les granits terribles, où l'Isis se regardait tristement...

P. S. — La noyade de Philæ vient, comme on sait, d'augmenter de soixante-quinze millions de livres le rendement annuel des terres environnantes. Encouragés par ce succès, les Anglais vont, l'année prochaine, élever encore de six mètres le barrage du Nil ; du coup, le sanctuaire d'Isis aura complètement plongé, la plupart des temples antiques de la Nubie seront aussi dans l'eau, et des fièvres infecteront le pays. Mais cela permettra de faire de si productives plantations de coton !...

FIN

TABLE

		Pages.
I.	MINUIT D'HIVER EN FACE DU GRAND SPHINX.	1
II.	LA MORT DU CAIRE	13
III.	MOSQUÉES DU CAIRE	27
IV.	LE CÉNACLE DES MOMIES.	39
V.	UN CENTRE D'ISLAM.	57
VI.	CHEZ LES APIS.	73
VII.	BANLIEUES DU CAIRE, LA NUIT.	87
VIII.	CHRÉTIENS ARCHAÏQUES	99
IX.	LA RACE DE BRONZE.	113
X.	LE TOUT GRACIEUX LUNCHEON	125
XI.	LA DÉCHÉANCE DU NIL.	143
XII.	CHEZ LA DÉESSE DE L'AMOUR ET DE LA JOIE.	157
XIII.	LOUXOR MODERNISÉ.	171
XIV.	SOIR DE VINGTIÈME SIÈCLE A THÈBES	187
XV.	A THÈBES LA NUIT	201
XVI.	THÈBES AU SOLEIL	217
XVII.	UNE AUDIENCE D'AMÉNOPHIS II	231
XVIII.	A THÈBES CHEZ L'OGRESSE	253
XIX.	LA VILLE PROMPTEMENT EMBELLIE.	269
XX.	LA MORT DE PHILÆ.	281

COULOMMIERS
IMPRIMERIE
PAUL BRODARD
13442-8-30.
1513-49.

www.ingramcontent.com/pod-product-compliance
Lightning Source LLC
Chambersburg PA
CBHW071348150426
43191CB00007B/884